全国高等农林院校"十二五"规划教材

林业调查规划设计教程

赵 忠 主编

中国林业出版社

内容简介

本书主要针对西北地区生态系统脆弱及森林资源建设和经营的实际编写而成,重点介绍了"3S"技术在土地利用规划、立地分类和小班区划中的应用,以及自主研制开发的计算机辅助造林(经营)作业设计系统 XL1.0,并结合编者多年来参与的林业生态工程实例和研究成果,较系统地介绍了人工林健康评价的方法和技术,造林规划设计和森林经营作业设计的内容和工作程序。内容丰富实用,文字通俗易懂。

本书不仅可作为农林院校林学、森林保护专业学生实践教学的教材,也可作为基层林业科技人员的培训教材。

图书在版编目(CIP)数据

林业调查规划设计教程 / 赵忠主编. – 北京:中国林业出版社,2015.5(2023.1 重印)
全国高等农林院校"十二五"规划教材
ISBN 978-7-5038-8001-8

Ⅰ.①林… Ⅱ.①赵… Ⅲ.①森林调查规划 – 高等学校 – 教材 Ⅳ.①S757.2

中国版本图书馆 CIP 数据核字(2015)第 112399 号

中国林业出版社·教育出版分社

策划编辑:肖基浒　　　　　责任编辑:肖基浒　高兴荣
电话:(010) 83143555　　　传真:(010) 83143516

出版发行	中国林业出版社(100009　北京市西城区德内大街刘海胡同7号) E-mail:jiaocaipublic@163.com　电话:(010) 83143500 http://www.forestry.gov.cn/lycb.html
经　销	新华书店
印　刷	三河市祥达印刷包装有限公司
版　次	2015年5月第1版
印　次	2023年1月第4次印刷
开　本	850mm×1168mm　1/16
印　张	13.5
字　数	325千字
定　价	40.00元

未经许可,不得以任何方式复制或抄袭本书之部分或全部内容。

版权所有　侵权必究

《林业调查规划设计教程》编写人员

主　编：赵　忠
副主编：赵鹏祥
编　者：王乃江　王迪海　李卫忠

前　言

　　林业资源建设及其经营是生态脆弱地区环境建设和生态修复的核心内容，也是生态文明建设的重要组成部分。随着信息技术和计算机技术的不断发展，林业的资源调查和工程设计手段得到了彻底革新，使得快速完成中小尺度林业资源调查，实时掌握资源动态，及时提出植被建设和经营方案成为可能。同时，也对林学专业的实践教学提出了挑战，成为教学改革的重要内容之一。

　　森林调查规划设计是林科专业，特别是林学专业重要的实践教学内容，要求学生在学习和掌握气象学、森林土壤学、森林植物学、森林生态学、森林计测学和森林培育学等课程的基本原理和野外调查方法的基础上，学习如何借助"3S"技术，将所学知识综合运用于林业的实际工作之中，如土地利用规划、立地分类、造林规划设计和森林经营作业设计等。受传统课程体系的影响，林业调查规划设计的实践教学分散在森林经理学和森林培育学等课程教学中，如何整合相关的教学内容，并利用现代林业信息技术提升和改造林科专业的实践教学内容，成为以提高学生创新实践能力为突破口的教育教学改革的重点内容。

　　教程在介绍林业调查规划设计基本内容的基础上，从如何运用卫星遥感技术（RS）、地理信息技术（GIS）和全球定位系统（GPS）完成土地利用规划及立地分类入手，全面系统地介绍了造林规划设计、森林建康评价和森林经营作业设计的基本概念、技术与方法。并吸纳了国内外最新研究成果，紧密结合林业生产实际，符合教学实习对学生应用能力培养的要求，突出了系统性和实用性。

　　本教程是"十二五"农村领域国家科技计划任务"黄土高原人工林可持续经营技术研究与示范（2012BAD22B0302）"的部分研究成果在本科教学中的应用，得到"国家森林培育教学团队"项目经费的资助。编写工作由西北农林科技大学长期从事林学学科教学和科研工作的教师共同承担，历时一年半完成。各章节编写人员为：李卫忠（第1章），赵鹏祥（第2章），赵鹏祥、赵忠（第3至第6章），王乃江（第7章），赵忠、王乃江（第8章），王迪海（第9章）。由赵忠任主编并负责全书统稿。中国林业出版社对本教程的出版给予热心指导和帮助，在此致以衷心的感谢。

　　本教程可供农林经济管理、野生动物与自然保护区管理、水土保持与荒漠化防治等非林学专业选修课程使用，也可供林业、园林、森林保护等专业技术人员以及有关部门的管理人员参考使用。

　　鉴于作者的水平有限，书中难免有不足之处或错误，敬请读者批评指正。

赵　忠

2014年12月

目 录

前言

第1章　林业调查规划设计概述　(1)
  1.1　林业调查规划设计的基本内容　(1)
    1.1.1　林业调查　(1)
    1.1.2　专业调查　(2)
    1.1.3　常用的专业调查　(2)
    1.1.4　多资源调查　(4)
  1.2　林业专业调查的任务和方法　(4)
    1.2.1　目的和任务　(4)
    1.2.2　调查方法与技术　(5)
  1.3　林业调查规划设计的工作程序　(7)
    1.3.1　准备工作　(7)
    1.3.2　外业调查　(9)
    1.3.3　内业工作　(10)

第2章　遥感图像处理　(14)
  2.1　遥感图像几何校正　(14)
    2.1.1　原理简介　(14)
    2.1.2　基于 ENVI 图像处理系统的几何校正　(15)
    2.1.3　图像几何校正的实例及步骤　(17)
  2.2　卫星图像融合　(24)
    2.2.1　概述　(24)
    2.2.2　操作步骤　(25)
  2.3　卫星图像裁剪与增强处理　(26)
    2.3.1　图像裁剪方法及步骤　(26)
    2.3.2　遥感图像的增强处理　(30)
  2.4　遥感影像地图制作　(31)
    2.4.1　流程概述　(31)

2.4.2　具体操作步骤 …………………………………………………… (31)

第3章　遥感图像解译 …………………………………………………… (34)
3.1　遥感图像解译标志 …………………………………………………… (34)
　　3.1.1　图像识别的基本要素 …………………………………………… (35)
　　3.1.2　遥感图像解译标志 ……………………………………………… (36)
3.2　解译标志建立的过程 ………………………………………………… (37)
　　3.2.1　室内预判 ………………………………………………………… (37)
　　3.2.2　外业调查 ………………………………………………………… (37)
　　3.2.3　建立解译标志 …………………………………………………… (41)
　　3.2.4　核查与修改 ……………………………………………………… (42)
3.3　遥感图像目视解译 …………………………………………………… (42)
　　3.3.1　遥感目视解译的方法 …………………………………………… (42)
　　3.3.2　遥感目视解译一般程序 ………………………………………… (44)
　　3.3.3　人机对话屏幕目视解译 ………………………………………… (44)
　　3.3.4　影响地物特征解译的因素 ……………………………………… (44)

第4章　森林分类与区划 ………………………………………………… (47)
4.1　森林分类 ……………………………………………………………… (47)
　　4.1.1　森林类型 ………………………………………………………… (47)
　　4.1.2　林种界定 ………………………………………………………… (48)
4.2　森林区划 ……………………………………………………………… (49)
　　4.2.1　林业区划 ………………………………………………………… (49)
　　4.2.2　林业区别 ………………………………………………………… (50)
　　4.2.3　森林区划 ………………………………………………………… (51)
4.3　森林区划实例 ………………………………………………………… (53)
　　4.3.1　准备工作 ………………………………………………………… (54)
　　4.3.2　遥感图像预处理 ………………………………………………… (54)
　　4.3.3　森林资源地类划分 ……………………………………………… (54)
　　4.3.4　建立图像解译标志 ……………………………………………… (55)
　　4.3.5　基于GIS森林类型区划 ………………………………………… (56)
　　4.3.6　区划结果实地验证 ……………………………………………… (61)

第5章　土地利用现状调查 ……………………………………………… (62)
5.1　土地利用现状分类 …………………………………………………… (62)
　　5.1.1　土地分类体系 …………………………………………………… (62)
　　5.1.2　土地利用现状分类 ……………………………………………… (63)
5.2　土地利用现状调查 …………………………………………………… (64)

5.2.1　调查的目的与内容 …………………………………………… (64)
　　　5.2.2　调查的内容 …………………………………………………… (64)
　　　5.2.3　调查的原则 …………………………………………………… (65)
　　　5.2.4　调查的程序 …………………………………………………… (65)
　　　5.2.5　准备工作 ……………………………………………………… (66)
　　　5.2.6　外业工作 ……………………………………………………… (67)
　　　5.2.7　内业工作 ……………………………………………………… (68)
　5.3　基于 RS 的土地利用现状调查实例 ………………………………… (69)
　　　5.3.1　资料准备 ……………………………………………………… (69)
　　　5.3.2　工具和手段 …………………………………………………… (69)
　　　5.3.3　实现步骤 ……………………………………………………… (69)

第6章　立地分类 ……………………………………………………………… (83)
　6.1　立地调查 ……………………………………………………………… (84)
　　　6.1.1　立地调查的内容 ……………………………………………… (84)
　　　6.1.2　立地调查的方法 ……………………………………………… (84)
　　　6.1.3　立地分类及立地类型表的编制 ……………………………… (85)
　6.2　数据预处理 …………………………………………………………… (86)
　　　6.2.1　DEM 拼接及投影 …………………………………………… (86)
　　　6.2.2　DEM 裁剪 …………………………………………………… (91)
　　　6.2.3　DEM 洼区平处理 …………………………………………… (92)
　6.3　立地类型划分标准的制定 …………………………………………… (93)
　　　6.3.1　坡度等级划分标准的制定 …………………………………… (93)
　　　6.3.2　坡向方位界定标准的制定 …………………………………… (93)
　　　6.3.3　地形部位类型的确定 ………………………………………… (94)
　6.4　立地因子提取 ………………………………………………………… (94)
　　　6.4.1　坡向因子提取 ………………………………………………… (94)
　　　6.4.2　坡度因子提取 ………………………………………………… (97)
　　　6.4.3　地形部位因子提取 …………………………………………… (99)
　6.5　立地类型划分与精度检验 …………………………………………… (102)
　　　6.5.1　立地类型划分 ………………………………………………… (102)
　　　6.5.2　精度检验 ……………………………………………………… (104)

第7章　造林规划设计 ………………………………………………………… (105)
　7.1　造林规划设计的任务和内容 ………………………………………… (105)
　　　7.1.1　造林规划设计的任务 ………………………………………… (105)
　　　7.1.2　造林规划设计的内容 ………………………………………… (106)
　　　7.1.3　造林规划设计的工作程序 …………………………………… (107)

7.2 造林区划与调查 …………………………………………………………… (109)
7.2.1 造林地区划 …………………………………………………………… (109)
7.2.2 小班区划与调查 ……………………………………………………… (110)
7.2.3 专题调查 ……………………………………………………………… (110)
7.3 造林技术设计 …………………………………………………………… (111)
7.3.1 整地设计 ……………………………………………………………… (111)
7.3.2 造林方法设计 ………………………………………………………… (111)
7.3.3 造林密度设计 ………………………………………………………… (111)
7.3.4 造林树种组成设计 …………………………………………………… (112)
7.3.5 造林季节的确定 ……………………………………………………… (112)
7.3.6 幼林管理设计 ………………………………………………………… (112)
7.3.7 造林典型设计 ………………………………………………………… (113)
7.3.8 种苗规划设计 ………………………………………………………… (114)
7.4 投资概算和预期效果分析 ……………………………………………… (115)
7.4.1 投资概算的概念 ……………………………………………………… (115)
7.4.2 投资概算的内容和方法 ……………………………………………… (116)
7.4.3 投资概算案例 ………………………………………………………… (117)
7.5 规划设计文件编制 ……………………………………………………… (118)
7.5.1 编写造林规划设计说明书 …………………………………………… (118)
7.5.2 编制表格 ……………………………………………………………… (120)
7.5.3 绘制专题图 …………………………………………………………… (122)

第8章 森林健康评价及经营作业设计 ……………………………………… (124)
8.1 森林健康评价 …………………………………………………………… (124)
8.1.1 评价指标的遴选 ……………………………………………………… (124)
8.1.2 森林健康状况调查 …………………………………………………… (125)
8.1.3 森林健康评价 ………………………………………………………… (126)
8.2 陕西省渭北黄土高原刺槐林健康评价 ………………………………… (128)
8.2.1 评价因子的遴选 ……………………………………………………… (128)
8.2.2 健康等级划分 ………………………………………………………… (128)
8.2.3 健康评价结果 ………………………………………………………… (129)
8.3 经营作业设计 …………………………………………………………… (129)
8.3.1 经营作业类型 ………………………………………………………… (129)
8.3.2 经营作业方式 ………………………………………………………… (130)
8.3.3 种苗需求量设计 ……………………………………………………… (130)
8.4 作业设计文件编制 ……………………………………………………… (131)
8.4.1 用工量测算 …………………………………………………………… (131)
8.4.2 工程进度安排 ………………………………………………………… (131)

8.4.3　经费预算 …………………………………………………………… (131)
　　　8.4.4　经营作业设计图制作 ……………………………………………… (131)
　　　8.4.5　编写作业设计文件 ………………………………………………… (132)

第9章　计算机辅助造林(经营)作业设计 …………………………………… (140)
　9.1　造林(经营)作业设计CAD系统XL1.0 ………………………………… (140)
　　　9.1.1　系统设计的原则与功能 …………………………………………… (140)
　　　9.1.2　系统的工作流程 …………………………………………………… (142)
　9.2　造林(经营)作业设计CAD系统的使用 ………………………………… (142)
　　　9.2.1　系统运行环境 ……………………………………………………… (142)
　　　9.2.2　系统的安装与启动 ………………………………………………… (143)
　　　9.2.3　系统的主界面和命令菜单 ………………………………………… (144)
　　　9.2.4　系统的使用 ………………………………………………………… (149)

附录1　土地利用现状分类(GB/T 21010 – 2007) …………………………… (183)
附录2　我国造林分区及主要造林树种 ………………………………………… (188)
附录3　我国主要造林树种适生条件 …………………………………………… (191)

第 1 章 林业调查规划设计概述

林业调查规划设计工作是林业发展的基础和先行工作。没有好的规划设计工作，就不会有林业行业的全面发展。森林调查是制定有关林业规划和作业设计方案的基础工作，是强化森林资源保护管理、实施森林科学经营的基础支撑，也是建设现代林业、促进科学发展的重要保障。森林调查的成果可为制定和调整林业方针政策，编制林业发展规划与国民经济和社会发展规划等重大战略决策提供科学依据，对推动现代林业科学发展具有重大意义。

本章介绍了林业调查规划设计的基本内容，重点介绍了专业调查的内容、方法，以及调查规划设计的工作程序等。

1.1 林业调查规划设计的基本内容

森林资源受自然环境、人为活动的影响，不断发生变化。只有定期进行调查，才能摸清林业家底，为林业规划设计提供依据。

1.1.1 林业调查

林业调查也称森林资源调查，指以经营森林的目的要求，系统地采集、处理、预测森林资源有关信息的工作。它应用测量、测树、遥感、各种专业调查、抽

> 【本章提要】林业调查规划设计是林业发展的基础和先行工作，包括林业调查以及在此基础上的林业规划设计。林业调查也称森林资源调查，指以经营森林的目的要求系统地采集、处理、预测森林资源有关信息的工作。根据调查涉及的范围和目的，森林资源调查分为国家森林资源连续清查（一类调查），森林经理调查（二类调查）和作业设计调查（三类调查）。森林资源调查依据内容包括森林生长量、消耗量及出材量、立地类型、土壤、更新、病虫害及火灾等多种专业调查。

样及计算机技术等手段，以查清制定范围内的森林数量、质量、分布、生长、消耗、立地质量评价以及可及性等，为制定林业方针政策和林业规划设计提供依据。

林业调查按调查范围及其目的不同，分为：①国家森林资源连续清查，简称一类调查，是为制定国家或地区林业政策进行的宏观控制性调查。②森林经理调查，简称二类调查，为局、场级编制经营方案进行的调查。③作业设计调查，简称三类调查，为满足伐区设计、造林设计、森林经营设计等而进行的调查。

1.1.2 专业调查

依据调查内容林业调查可分为多种专业调查，主要包括：森林生长量、消耗量及出材量调查、立地类型调查、森林土壤调查、森林更新调查、森林病虫害调查、森林火灾调查、珍稀植物、野生经济植物资源调查、抚育间伐和低产林改造调查、母树林、种子园调查、苗圃调查、森林生态因子调查、森林多种效益计量与评价调查、林业经济与森林经营情况调查等。专业调查的地域范围同二类调查，多以独立的企业、事业单位和行政区划单位为单位进行。

1.1.3 常用的专业调查

1.1.3.1 森林生长量、消耗量及出材量调查

调查森林生长量主要是掌握森林资源的动态变化规律，可为确定合理采伐、预估森林资源的变化以及评价森林经营措施效果提供可靠的数据。

森林生长量调查：主要包括胸径生长量、树高生长量和蓄积生长量。尤其是蓄积生长量是森林经营决策的重要依据。森林生长量的调查应按优势树种、龄级（组）分别进行调查。

消耗量调查：以林业局（场）为单位进行。调查内容包括主伐、间伐及补充主伐的采伐量、薪材采伐量和其他各种生产、生活灾害过程中消耗的木材量。

出材量调查：分别树种调查出材量或出材率。用材林中近熟、成熟和过熟林的出材率等级按林分出材量占林分蓄积量的百分比，或林分中用材林商品用材树的株树占林分总株数的百分比确定。

调查方法可采用树干解析法、标准地或标准木法，生长过程表和生长锥法，也可结合森林资源连续清查固定样地进行调查。

1.1.3.2 立地类型调查

立地类型也称立地条件类型。立地条件的好与差直接关系到森林经营的各个方面，如生产效率、经济效益、采伐收获、森林培育的方向与速度等。

表示立地条件优劣的指标有地位级和地位指数。根据优势树种上层木平均高和平均年龄查地位指数表或根据主林层优势树种平均高和平均年龄查地位级表确定立地等级。对疏林地、无立木林地、宜林地可根据有关立地因子查数量化地位指数表确定立地等级。

1.1.3.3 林业土壤调查

林业土壤也是森林资源的重要组成部分。进行土壤调查的目的在于查清土壤资源，包

括土壤种类、土层厚度、结构、土壤肥力、土壤类型分布、数量、质量以及植被分布的关系等,并给予综合评价,提出土壤种类、植被种类以及土地利用和经营措施,绘制森林土壤分布图和立地条件类型图,为林业区划、规划等提供技术依据。

1.1.3.4 森林更新调查

森林更新调查包括天然更新、人工更新、人工促进天然更新的调查。

(1) 天然更新调查

对于疏林地、灌木林地(国家特别规定的灌木林地除外)、无立木林地、宜林地等,应调查天然更新等级。主要调查天然更新幼苗(树)的种类、年龄、平均高度、平均根径、每公顷株数、分布和生长情况等。天然更新的评定标准,是根据幼苗(树)高度级按每公顷天然更新株数确定天然更新的等级。

天然起源幼苗、幼树划分标准:针叶树高 30 cm 以下为幼苗,30 cm 以上至起测径阶以下为幼树;阔叶树高 1.0 m 以下为幼苗,1.0 m 以上至起测径阶以下为幼树。

天然更新的幼苗常常呈现群状或聚集分布,尤其是低龄阶段更是如此,随着年龄的增加,幼苗枯损死亡率很高,真正能够竞争存活并生长到中上层林木的数量很少。因此,在天然林更新调查时常用"有效更新株数"记录。有效更新株数的计算以 $1.0\ m^2$ 为计量单位,出现几个树种时只取一个目的树种;如果每 $1.0\ m^2$ 范围内有若干株幼苗、幼树时,其有效株数均按 1 株计算。最后按有效株数合计占更新调查面积(即所有调查的 $1.0\ m^2$ 大小计量单位个数)的百分比推算每公顷天然有效更新株数。

(2) 人工更新调查

包括未成林造林地和人工幼林调查。未成林造林地主要调查不同情况造林地的成活率和保存率。人工幼林调查应按立地条件类型、造林树种、造林年度、混交方式、造林密度、造林方法、整地方式、幼林抚育方法等不同,进行生长情况的调查。调查结果可为分析不同条件下各种造林技术措施对造林成活率和林木生长的影响,总结以往的经验教训,为今后正确设计造林措施和提高造林质量提供依据。

(3) 人工促进天然更新调查

应按立地条件及促进更新措施,分别调查促进更新的作业时间、整地方式、株数、补植株数、野生苗移植株数以及其他技术的效果。通过调查分析影响人工促进天然更新的因素,提出今后的改进意见。

天然更新、人工更新和人工促进天然更新的调查,多采用标准地和小样方的方法调查。

1.1.3.5 森林灾害类型调查

森林灾害类型调查包括森林病虫害、森林火灾情况、气候灾害(风、雪、水、旱)和其他灾害的调查。

病虫害调查一般采用路线踏查和标准地调查的方法。

森林火灾调查主要了解调查地区火灾的概况,查清火灾种类、发生时间、次数、延续时间及其气象因素、树种抗火特性、人为活动等因素的关系,森林火灾等级、损失面积、蓄积、树种、林种，森林土壤、森林更新、森林经营条件，以及火灾的位置分布、防火设施的扑火方法等情况。

外业调查时以林班为单位根据土壤、林分状况、交通条件和居民点分布情况等因素综合确定火险等级。

1.1.3.6 抚育间伐和低产林改造调查

抚育间伐调查的内容包括林分类型、方法、强度、间隔期、工艺过程、出材量等。低产林改造调查的内容包括实施措施的林分、改造的目的、方式、方法、经营措施、改造效果等。

1.1.3.7 苗圃调查

苗圃调查主要内容包括苗圃种类、经营面积、区划情况、育苗种类、年产苗量、成本、现有设备、劳动组织及管理制度等。根据调查结果提出苗圃的经营管理建议。在苗圃调查时以永久固定的苗圃为主，同时也要考虑外来苗和苗木输出等供需情况。

1.1.3.8 林业经济调查

主要包括社会经济、林业经济情况的调查，为林业生产应采取的技术经济政策和措施，以及效益计量、评价提供可靠的依据。

1.1.4 多资源调查

森林资源除林木资源外，还应包括森林地域空间内的动物资源、植物资源、土地资源、水资源、气候资源、游憩资源和其他资源。在我国，多资源调查是指对野生动植物、游憩、水资源、放牧和地下资源等进行的调查。森林中的各种资源，它们是一个有机整体，即是一个结构和功能繁多而又复杂的生态系统。林木资源与其他资源互为环境、相互影响。为正确评价森林多种效益，发挥森林的各种有效性能，满足森林经营方案、总体设计、林业区划与规划设计的需要，有必要在森林分类经营的基础上进行多资源调查。

多资源调查是森林永续利用从木材永续到森林多种效益永续的过渡时期，而逐渐发展起来的森林调查项目。世界各国对多资源调查的类型归属不完全一致。在我国的有关规程中，多资源调查仍属二类调查中的专业调查范畴。

1.2 林业专业调查的任务和方法

1.2.1 目的和任务

1.2.1.1 目的

林业专业调查的目的是为造林规划设计、科学经营和管理森林、制定区域国民经济发展规划和林业发展规划、进行森林分类经营区划和执行各种林业方针政策效果评价等提供基础数据。调查成果是建立或更新森林资源档案,进行林业工程规划设计和森林经营管理的基础,也是制定区域国民经济发展规划和林业发展规划,实行森林生态效益补偿和森林资源资产化管理,指导和规范森林科学经营的重要依据。

1.2.1.2 任务

林业专业调查的主要任务包括查清森林、林地和林木资源的种类、数量、质量与分布,客观反映调查区域自然、社会经济条件,综合分析与评价森林资源与经营管理现状,提出对森林资源培育、保护与利用的建议。具体任务有:

①核对森林经营单位的境界线,并在经营管理范围内进行或调整(复查)经营区划。
②调查各类林地的面积。
③调查各类森林、林木蓄积。
④调查与森林资源有关的自然地理环境和生态环境因素。
⑤调查森林经营条件、前期主要经营措施与经营成效。

1.2.2 调查方法与技术

小班调查是专业调查中涉及地域最广、工作量最大的一项工作。为了科学地进行造林和开展森林资源经营管理工作,必须将森林资源信息落实到每块造林地或每个林分中,小班调查就是将各项调查因子落实到每块造林地或每个林分中。

1.2.2.1 小班调绘

根据实际情况,可分别采用以下方法进行小班调绘:

①采用由测绘部门绘制的当地最新的比例尺为1:10 000~1:25 000的地形图到现地进行勾绘。对于没有上述比例尺的地区可采用由1:50 000放大到1:25 000的地形图。

②使用近期拍摄的(以不超过两年为宜)、比例尺不小于1:25 000或由1 50 000放大到1:25 000的航片,1:100 000放大到1:25 000的侧视雷达图片在室内进行小班勾绘,然后到现地核对,或直接到现地调绘。

③使用近期(以不超过一年为宜)的,经计算机几何校正及影像增强的比例尺1:25 000的卫星遥感影像(空间分辨率10m以内),在室内进行小班勾绘,然后到现地核对。空间分辨率10m以上的卫星遥感影像只能作为调绘辅助用图,不能直接用于小班勾绘。

现地小班调绘、小班核对以及为林分因子调查或总体蓄积量精度控制调查而布设样地时,可用GPS确定小班界线和样地位置。

1.2.2.2 小班调查内容

根据森林经营单位森林资源特点、调查技术水平、调查目的和调查等级,可采用不同的调查方法进行小班调查。应充分利用已有调查成果和小班经营档案,以提高小班调查精度和效率,保持调查的连续性。

小班调查的主要内容包括:土地类型调查、小班调查因子,即空间位置、权属、地类、工程类别、事权、保护等级、地形地势、土壤/腐殖质、下木植被、立地类型、立地等级、天然更新、造林类型、林种、起源、林层、群落结构、自然度、优势树种组、树种组成、平均年龄、平均树高、平均胸径、优势木平均高、郁闭/覆盖度、每公顷株数、散生木、每公顷蓄积量、健康状况等(表1-1)。

表1-1　小班调查因子

No.	调查因子	调查内容
1	空间位置	林业局(县)、林场(分场、乡、镇、管理站)、作业区(工区、村)、林班、小班等
2	权属	分别林地所有权和使用权、林木所有权和使用权调查记载
3	地类	按地类划分系统中最后一级地类调查记载
4	工程类别	分别天然林资源保护工程、退耕还林工程、京津风沙源治理工程、三北及长江中下游等重点地区防护林体系建设工程、野生动植物保护和自然保护区建设工程、速生丰产用材林建设工程、其他工程填写
5	事权	生态公益林(地)分为国家级或地方级
6	保护等级	生态公益林(地)分为特殊保护、重点保护和一般保护
7	地形地势	记载小班地貌、平均海拔、坡度、坡向和坡位等因子
8	土壤/腐殖质	记载小班土壤名称(记至土类)、腐殖质层厚度、土层厚度(A+B层)、质地、石砾含量
9	下木植被	记载下层植被的优势和指示性植物种类、平均高度和覆盖度
10	立地类型	查立地类型表确定小班立地类型
11	立地等级	根据小班优势木平均高和平均年龄查地位指数表,或根据小班主林层优势树种平均高和平均年龄地位表确定小班的立地等级,对疏林地、无立木林地、宜林地等小班可根据有关立地因子查数量化地位指数表确定小班的立地等级
12	天然更新	调查小班天然更新幼树与幼苗的种类、年龄、平均高度、平均根径、每公顷株数、分布和生长情况,并评定天然更新等级
13	造林类型	对适合造林的小班,根据小班的立地条件,按照适地适树的原则,查造林典型设计表确定小班的造林类型
14	林种	按林种划分技术标准调查确定,记载到亚林种
15	起源	按主要生成方式调查确定
16	林层	商品林按林层划分条件确定是否分层,然后确定主林层。并分别林层调查记载郁闭度、平均年龄、株数、树高、胸径、蓄积量和树种组成等测树因子。除株数、蓄积量以各林层之和作为小班调查数据以外,其他小班调查因子均以主林层的调查因子为准
17	群落结构	公益林根据植被的层次多少确定群落结构类型
18	自然度	根据干扰程度记载
19	优势树种组	分别林层记载优势树种(组)
20	树种组成	分别林层用十分法记载
21	平均年龄	分别林层,记载优势树种(组)的平均年龄。平均年龄由林分优势树种(组)的平均木年龄确定
22	平均树高	分别林层,调查记载优势树种(组)的平均树高。在目测调查时,平均树高可由平均木的高度确定。灌木林设置小样方或样带估测灌木的平均高度
23	平均胸径	分别林层,记载优势树种(组)的平均胸径
24	优势木平均高	在小班内,选择3株优势树种(组)中最高或胸径最大的立木测定其树高,取平均值作为小班的优势木平均高
25	郁闭/覆盖度	有林地小班用目测或仪器测定各林层林冠对地面的覆盖程度,取小数二位;灌木林设置小样方或样地估测并记载覆盖度,用百分数表示

(续)

No.	调查因子	调查内容
26	每公顷株数	记载活立木的每公顷株数
27	散 生 木	分树种调查小班散生木株数、平均胸径、计算各树种材积和总材积
28	每公顷蓄积量	分别林层记载活立木每公顷蓄积量
29	枯倒木蓄积量	记载小班内可利用的枯立木、倒木、风折木、火烧木的总株数和平均胸径，计算蓄积量
30	健康状况	记载林地卫生、林木(苗木)受病虫害危害和火灾危害，以及林内枯倒木分布与数量等状况。林木病虫害应调查记载林木病虫害的有无以及病虫害种类、危害程度。森林火灾应调查记载森林火灾发生的时间、受害面积、损失蓄积

1.3 林业调查规划设计的工作程序

林业调查规划设计种类多，内容广，工作程序复杂。因此，应在明确调查目的和内容的基础上，制订调查实施细则、工作方案和技术方案，以确保调查工作的顺利完成。林业调查规划设计必须通过三个阶段才能完成，即准备工作阶段、外业调查阶段和内业工作阶段。下面以森林经理调查为例，详细介绍其工作的程序。

1.3.1 准备工作

1.3.1.1 明确调查目的与任务

森林经理调查的目的是准确摸清森林资源家底，完成森林分类区划，建立森林资源数据管理信息系统，实现森林资源管理信息化和现代化，编制森林经营方案，最终实现森林资源的科学管理、动态经营。

1.3.1.2 制定实施细则

主要是统一调查的技术标准、规范调查内容、调查方法、工作程序和成果要求等。

(1) 技术标准

①土地类型分类　规范分类体系和技术标准。

②非林业用地　指林地以外的农业用地、牧业用地、水域、未利用地及其他用地。

③森林(林地)类别　将森林资源分为生态公益林(地)和商品林(地)。

④林种　包括林种分类体系和划分的技术标准。

⑤优势树种(组)划分　根据调查地区实际情况，结合树木的生物学特性，按照同类归一，共同使用同一材积表的原则，划分优势树种(组)。

⑥龄级、龄组的划分　乔木林的龄级和龄组根据优势树种(组)的平均年龄确定。

⑦立地因子　包括地貌、坡度、坡向的等级分类。

⑧其他标准　包括权属、起源、郁闭度、覆盖度等级、四旁树界定、基础数表、森林覆盖率与林木绿化率计算方法等。

(2) 规范调查范围与内容

根据调查任务确定调查范围，例如，陕西省永寿县的森林经理调查的范围，包括全县行政范围内的14个乡镇和1个国有林场的所有土地。包括林业用地和非林业用地，面积约889 km²。

调查内容包括：核对与修正各经营单位的界限、调查各类土地的面积、各类森林和林木的蓄积、调查与森林资源有关的主要自然地理环境因子和生态环境因子等。

(3) 确定调查方法

采用地理信息系统(GIS)、遥感(RS)和全球定位系统(GPS)(即"3S"技术)，利用具有高光谱特征、高空间分辨率的卫星遥感数据，目视解译区划土地类型；通过建立调查蓄积与遥感因子、地理环境因子、林分因子之间的多元回归模型，定量估测小班蓄积量。

(4) 成果产出

①小班调查因子数据库

②森林资源统计表　主要包括：各类土地面积统计表；各类森林、林木面积蓄积统计表；林种统计表；乔木林面积蓄积按龄组统计表；生态公益林(地)统计表；用材林面积蓄积按龄组统计表；经济林统计表；竹林统计表；灌木林统计表；天然林面积蓄积按龄组统计表；人工林统计表等。

③图面材料　主要包括：县级森林分布图；乡(场)林相图等。

④调查报告　主要包括：县级森林资源二类调查报告；林场简明森林资源二类调查报告。

⑤质量检查报告

⑥森林资源信息管理系统

以上成果均包含纸介质和电子介质两类。

1.3.1.3　制定工作方案

工作方案是贯彻调查实施细则的重要文件，围绕具体的调查任务，重点从调查组织、基础资料收集、物质准备、经费落实等方面，确保调查工作具有可操作性。

(1) 调查的组织

为了保证林业调查规划设计调查工作的顺利进行，需要分别成立林业调查领导小组和工作小组。领导小组人员由主管部门相关领导组成，主要负责贯彻国家林业局有关规定，对林业调查工作进行指导、监督、协调，并对工作中出现的重大问题组织讨论，提出决策方案。工作小组由相关领域技术人员组成，负责林业调查实施细则的制定，承担外业调查任务，并负责数据汇总与调查成果编制，提供森林资源管理信息系统软件等。

(2) 基础资料收集与物质准备

在完成工作方案、实施细则制定工作的基础上，全面收集各种基础资料，包括基础图面资料、卫星数据的购置；调查表格的设计与印制等，并对调查工作必需的物资进行准备，包括调查仪器、器具、药物、雨具、劳保(含保险)等的购置。

(3) 时间安排

根据调查任务及要求，制定调查总体时间安排，详细分为三个阶段：准备阶段、外业调查阶段和内业分析阶段，并进行成果的审核与验收。

(4) 经费落实

调查工作小组应根据调查任务,详细做好调查经费预算工作,主要包括仪器(租用)、卫星遥感数据、地形图购买;技术准备与培训费;调查费;调查器具费等方面,对所需费用进行预算,并将预算结果上报领导小组及调查单位,以便落实调查经费。

1.3.2 外业调查

1.3.2.1 调查方法的选择

根据调查单位的森林资源特点、调查技术水平、调查目的和调查等级,可采用不同的调查方法进行小班调查。小班测树因子调查方法有:样地实测法、目测法、航片估测法、遥感图像估测法等。为了提高调查精度,减少外业工作量,调查应尽量采用"3S"技术。

1.3.2.2 开展预备调查

(1) 选设踏查线路

在调查区域内,选择3~5条能覆盖区域内所有地类和树种(组)、有代表性的勘察线路。

(2) 线路踏查

利用GPS等定位工具,在每条线路上选择若干不同立地条件和林分状况的样地,现地调查记录地类、林种、树种(组)、龄组、单位蓄积量、地貌、坡度、坡向、坡位、起源、郁闭度、地被物、土壤类型、土壤质地、土壤水分状况等因子,并拍摄地面实况照片,建立遥感影像特征与实地情况相对应的判读样片。

(3) 室内分析

依据野外踏查确定的影像和地物间的对应关系,借助辅助信息(林相图及物候等资料)建立遥感影像图上反映的色彩、光泽、纹理、形态、结构、相关分布、地域分布等与判读因子的相关关系。

(4) 建立判读标志

通过野外踏查和室内分析对判读类型的定义、现地实况形成统一认识,并对各类型在遥感影像上的特征描述形成判读标准,建立判读标志表。

(5) 试判读和正判率考核

选取30个左右判读样地或小班,要求解译人员对判读类型进行识别,正判率超过95%才可上岗。不足95%的进行错判分析和第二次考核,直至正判率超过95%为止。判读结果要填写判读考核登记表,分析错判原因,必要时修订目视判读标志表。

(6) 正式判读区划

判读人员在足够的光照条件下正确理解分类定义,充分掌握除图像以外的有关文字、数据、图面资料,准确把握遥感成像时的物体状况,全面分析图像要素,将判读类型与所建立的判读标志有机结合起来,准确区分判读类型。遥感信息解译的主要因子为地类、树种(组)、郁闭度、龄组等。在地类解译时,乔木林要求划分到三级地类。

对于目视判读难以确定的地类(如未成造林地、退耕还林地等),应结合往年造林图面材料、土地利用规划、退耕还林设计等资料将小班界限准确勾绘在区划图上或进行现地补充调查。对于各项工程造林中面积过小,不能在图面上区划的地块,为了充分反映工程成果,可区划复合小班,反映该部分造林成果。

对于权属、林分起源等因子,要充分利用已掌握的有关资料或询问当地技术人员等方式予以解决。对于地形地貌因子可参照遥感影像工作图或同等比例尺地形图查找。

(7) 判读复核

目视判读采取一人区划、判读,另一人复核判读方式进行。当两名判读人员的一致率达到90%以上时,二人应对不一致的小班通过商议达成一致意见,否则应到现地核实。当两判读人员的一致率达不到90%以上时,应分别重新判读。对于室内判读有疑问的小班必须全部到现地确定。

(8) 实地验证

当室内判读工作经检查合格后,采用典型抽样方法选择部分小班进行实地验证。实地验证的小班数不少于总数的5%(但抽检小班总数不低于50个),并按照地类和森林类型的面积比例分配,其中主要土地类型抽检小班数不得少于10个。在每个类型内,要按照小班面积大小比例不等概选取。

(9) 样地的选设

结合选设踏查线路和踏查,根据调查内容,选择与布设专题调查样地,并将样地布设情况详细记录地理坐标,绘制样地布设图。

(10) 预备调查结果分析

结合建立判读标志与实地验证,典型选取有调查样地,现地调查其单位面积蓄积量,分析调查结果,为建立判读因子、地理环境因子、林分因子与单位面积蓄积之间的多元回归模型,定量估测小班蓄积量做好准备。

1.3.3 内业工作

外业调查结束后,需要在室内根据统计分析的要求,做好调查数据的检查、数据库建立、数据分析与制图等内业工作。

1.3.3.1 调查资料的检查验收要求

①所有调查材料,必须经专职检查人员检查验收。
②发现数据异常,需要第一时间查明原因。
③如果出现某些调查因子漏测,应及时补测。
④调查原始资料应按类别及时归档(纸质),永久保存。

1.3.3.2 建立数据库

调查材料验收完毕后,需要及时将纸质文件按照数据格式标准要求建立数据库,其中的关键是建立科学的数据编码。

(1) 各级区划编码

县级以上采用国家行政区划区划编码,乡镇编码2位,村编码2位,林班编码3位、小班编码5位。

(2) 小班调查因子代码表

所有小班调查因子将以数字代码的形式输入计算机建立小班卡片数据库，建立"小班调查因子代码表"。

(3) 计算机制图代码表

为便于计算机管理，满足森林资源地理信息系统的需要，地理基础图形数据和区划调查图形数据以点、线、面的数据层形式管理，各类数据的代码参照"计算机制图代码表"。

1.3.3.3 数据统计分析

小班调查材料验收完毕后，开始进行资源统计。资源统计原则上要求采用统一的计算机统计软件、资源统计方法要一致，各种统计表在形式和内容上要相同，以便汇总。

(1) 面积量算

①测算原则与方法　按照"层层控制，分级量算，按比例平差"的原则进行面积量算。国有林业局(县、保护区、森林公园)、林场(乡、管理站)的面积用理论图幅面积计算，即将分布在各图幅上的部分累加求得。一个图幅上的各部分面积，要分别量测进行平差。用地理信息系统(GIS)绘制成果图时，可直接用地理信息系统量算林班和小班面积。手工绘制成果图时，可用几何法、网点网格法或求积仪等量算林班和小班面积。

②精度要求　林场(乡)内各林班面积之和与林场面积相差不到1%，林班内各小班面积之和与林班面积相差不到2%时，可进行平差，超出时应重新量算。面积量算以 hm^2 为单位，精确到 $0.1hm^2$。

(2) 数据统计分析

①统计要求　所有调查材料，必须经专职检查人员检查验收；小班调查材料验收完毕后才能进行资源统计。资源统计采用通用的计算机统计软件。各种统计表分权属统计汇总。

②蓄积量统计　林分蓄积以小班蓄积为基础，采用累加法，逐级汇总。活立木总蓄积包括有林地、疏林、四旁树、散生木蓄积。

(3) 建立信息管理系统

以小班调查因子成果为本底数据，以地理信息系统为平台，按照统一的数据标准和规范，建立森林资源管理信息系统。

1.3.3.4 制作各种专题图

各种规划设计调查成果图可采用计算机或手工等制图手段绘制，图式必须符合林业地图图式的规定。

(1) 基本图编制

基本图主要反映调查单位自然地理、社会经济要素和调查测绘成果。它是求算面积和编制林相图及其他林业专题图的基础资料。其技术要求如下：

①基本图按国际分幅编制。

②根据调查单位的面积大小和林地分布情况，基本图的比例尺可采用1∶5 000、

1:10 000、1:25 000 等不同比例尺。

③基本图的成图方法。

a. 基本图的底图可采用计算机成图，直接利用调查单位所在地的国土规划部门测绘的基础地理信息数据绘制基本图的底图，或将符合精度要求的最新地形图输入计算机，并矢量化，编制基本图的底图。也可手工成图，用符合精度要求的最新地形图手工绘制基本图的底图。

b. 基本图编制：将调绘手图(包括航片、卫片)上的小班界、林网转绘或叠加到基本图的底图上，在此基础上编制基本图。转绘误差不超过 0.5mm。

c. 基本图的编图要素包括各种境界线(行政区域界、国有林业局、林场、营林区、林班、小班)、道路、居民点、独立地物、地貌(山脊、山峰、陡崖等)、水系、地类、林班注记、小班注记。

(2) 林相图编制

以林场(或乡、村)为单位，用基本图为底图进行绘制，比例尺与基本图一致。林相图根据小班主要调查因子注记与着色。凡有林地小班，应进行全小班着色，按优势树种确定色标，按龄组确定色层。其他小班仅注记小班号及地类符号。

(3) 森林分布图编制

以经营单位或县级行政区域为单位，用林相图缩小绘制。比例尺一般为 1:50 000 或 1:100 000。其绘制方法是将林相图上的小班进行适当综合。凡在森林分布图上大于 $4mm^2$ 的非有林地小班界均需绘出。而大于 $4mm^2$ 的有林地小班，则不绘出小班界，仅根据林相图着色区分。

(4) 专题图编制

以反映专项调查内容为主的各种专题图，其图种和比例尺根据经营管理需要，由调查会议具体确定，但要符合林业专业调查技术规定(或技术细则)的要求。

为了提高资源统计、成果图绘制效率和便于资源经营管理和资源档案管理，调查单位应采用计算机进行内业计算、统计，用地理信息系统编绘成果图。

本章小结

林业调查规划设计工作涉及面广，需要多部门的配合和投入大量的人力、财力和物力。同时，林业调查也是一项技术含量高的工作，涉及遥感技术(RS)、全球定位系统(GPS)、地理信息系统(GIS)、小班调绘、角规测树和类型中心抽样等多方面技术的应用。林业调查规划设计工作有严格的工作程序，林业调查规划设计必须通过三个阶段才能完成，即准备工作阶段、外业调查阶段和内业工作阶段。为了确保调查质量，一方面必须按照"统一组织、全员培训、严格考核"的原则，强化林业调查的技术培训；另一方面，建立良好的组织保障机制，组织、协调、确定规划设计调查的重大事项，落实调查经费，讨论、审定调查规划设计工作方案和技术方案，明确调查工作中各部门、各单位的任务和责任，及时协调解决工作中可能存在的问题，对保障工作的顺利进行，并取得预期成果十分重要。

主要参考文献

亢新刚. 2011. 森林经理学[M]. 4 版. 北京：中国林业出版社.

李凤日. 2004. 森林资源经营管理[M]. 北京：辽宁大学出版社.

肖兴威. 2007. 中国森林资源与生态状况综合监测研究[M]. 北京：中国林业出版社.

国家林业局. 2004. LY/T 1594-2002 中国森林可持续经营标准与指标[S]. 北京：中国标准出版社.

雷加富. 2005. 中国森林资源[M]. 北京：中国林业出版社.

蔡文春, 叶章发. 2000. 当前林业调查规划设计工作存在的问题与对策[J]. 林业勘察设计(2): 1-4.

国家林业局. 2004. 国家森林资源连续清查技术规定.

国家林业局. 2006. 森林经营方案编制与实施纲要. 林资字 227 号.

第 2 章 遥感图像处理

在应用遥感技术获取数字图像过程中,必然受到太阳辐射、大气传输、光电转换等一系列环节的影响,同时还受到卫星的姿态与轨道、地球的运动与地表形态、传感器的结构与光学特性的影响,从而引起数字遥感图像辐射变形与几何变形。所以,遥感数据在接收之后与应用之前,必须进行辐射校正与几何校正,包括系统校正与随机校正两方面。系统校正通常由遥感数字接收与分发中心完成,而用户则根据需要进行随机辐射校正与几何校正,特别是遥感图像的几何校正是遥感技术应用过程中必须完成的预处理工作。几何校正处理之后需要开展的工作,就是根据研究区域空间范围进行图像的裁剪或者镶嵌处理,并根据需要进行图像投影变换处理,为下一步的图像分类处理与空间分析做准备。遥感图像预处理流程见图 2-1。

图 2-1 遥感图像预处理流程

【本章提要】遥感图像处理（processing of remote sensing image data）是运用遥感技术进行林业调查的基础性工作和前提,常用的遥感图像处理方法有光学的和数字的 2 种。本章在简要介绍遥感图像处理的基本概念和原理的基础上,重点介绍了遥感图像处理的具体操作方法步骤,包括图像几何校正、卫星图像融合、卫星图像裁剪与镶嵌、遥感图像的增强处理、遥感影像地图制作等内容。

2.1 遥感图像几何校正

2.1.1 原理简介

遥感图像中包含的随机几何畸变,具体表征为图像上各像元的位置坐标与所采用的标准参照投影坐标系中目标地物坐标的差异。图像几何校正是图像处理的基础,目的是定量确定图像上像元坐标与相应目标地物在选定的投影坐标系中的坐标变换,建立地面坐标系与图像坐标系间的对应关系。

此外,不同传感器或同一传感器不同时期获取的图像,尽管图幅大小差异不大,但像元之间往往不能一一对应。而且,相对于同一地区地面目标的卫星图像与地图扫描图像,由于比例尺、投影方式、表示原则与方法的不同,像元亦不能相互对应。为进行图像与图像的融合处理、图像与 GIS 空间数据库矢量数数据叠加,也必须采用几何校正处理将数据元素在空间上加以对应。

遥感图像几何校正的基本函数模型为:

$$\begin{cases} X = f(x, y) \\ Y = g(x, y) \end{cases}$$

其中,最简单的变换模型是二维仿射变换模型。对于具有线性误差的图像,使用二维仿射变换就可以了,即

$$X = Mx + b$$

式中,$M = \begin{bmatrix} a & b \\ c & d \end{bmatrix} \begin{bmatrix} r_1 \cos v_1 - r_2 \sin v_2 \\ r_1 \sin v_1 - r_2 \cos v_2 \end{bmatrix}$

复杂一些的是三维仿射变换模型,即

$$\begin{cases} X = \dfrac{a_1 x + a_2 y + a_3}{c_1 x + c_2 y + 1} \\ Y = \dfrac{b_1 x + b_2 y + b_3}{c_1 x + c_2 y + 1} \end{cases}$$

三维变换最适合于校正平坦地区的航空遥感相片。其改进模型可用来校正 TM 和 SAR 图像。使用最多的是二元多项式几何校正模型,即

$$\begin{cases} X = \sum_{i=0}^{m} \sum_{j=0}^{m-1} a_{ij} x^i y^j \\ Y = \sum_{i=0}^{m} \sum_{j=0}^{m-1} b_{ij} x^i y^j \end{cases}$$

对于很多卫星遥感图像的几何校正,采用二次或三次的二元多项式几何校正模型就已经足够了。但是对于航空相片,因其受飞机、遥感器以及地形起伏等因素的影响比较大,误差变化剧烈,并拥有许多非系统误差,采用多项式变换也不能得到满意的效果。

2.1.2 基于 ENVI 图像处理系统的几何校正

2.1.2.1 几何校正方法

(1) 利用卫星自带地理定位文件进行几何校正

对于重复周期短、空间分辨率较低的卫星数据,如 AVHRR、MODIS、SeaWiFS 等,地面控制点的选择有相当的难度,可以用卫星传感器自带的地理定位文件进行几何校正。校正精度主要受地理定位文件的影响。

选择主菜单→Map→Georeference 传感器名称，可以启动这种校正方法。

（2）Image to Image 几何校正

以一幅未经过几何校正的栅格文件或者已经过几何校正的栅格文件作为基准图，通过从两幅图像上选择同名点（或控制点）来配准另外一幅栅格文件，使相同地物出现在校正后图像的相同位置。大多数几何校正都是利用此方法来完成的。

选择主菜单→Map→Registration→Select GCPs：Image to Image，可以启动这种校正方法。

（3）Image to Map 几何校正

通过地面控制点对遥感图像几何校正的过程，控制点可以是键盘输入、从矢量文件中获取或者从栅格文件中获取。基于地形图校正就可以采用此方法。

选择主菜单→ Map→Registration→Select GCPs：Image to Map，可以启动这种校正方法。

（4）Image to Image 自动图像配准

根据像元灰度值或者地物特征自动寻找两幅图像上的同名点，根据同名点完成两幅图像的配置过程。当同一地区的两个图像由于各自校正误差的影响，使得图上的相同地物不重叠时，可以利用此方法进行调整。

选择主菜单→Map→Registration→Automatic Registration：Image to Image，可以启动这种校正方法。

2.1.2.2 控制点选择方式

（1）从栅格图像上选择

如果拥有需要校正图像区域的经过校正的图像、地形图等栅格数据，可以从中选择控制点，对应的控制点选择模式为 Image to Image。

（2）从矢量数据中选择

如果拥有需要校正图像区域的经过校正的矢量数据，可以从中选择控制点，对应的模式为 Image to Map。

（3）从文本文件中导入

事先已经通过 GPS 测量、摄影测量或者其他途径获得了控制点坐标数据，保存为以 Map(x, y)，Image(x, y) 格式提供的文本文件可以直接导入作为控制点，对应的控制点选择模式为 Image to Image 和 Image to Map。

（4）键盘输入

如果只有控制点目标坐标信息或者只能从地图上获取坐标文件（如地形图等），只好通过键盘输入坐标数据并在图像上找到对应点，对应的模式为 Image to Map。

2.1.2.3 控制点预测与误差计算

（1）控制点预测

ENVI 提供基于多项式计算模型的控制点预测功能。多项式次数可以调整为一次、二次和三次，对应最少控制点个数也不一样。选择一次多项式模型时，控制点数量达到 3 个就可以开启自动预测功能；二次多项式为 6 个控制点；三次多项式为 10 个控制点。

（2）误差计算

ENVI 提供基于多项式计算模型和一次的仿射变换的误差计算。误差计算公式为

$$RMSE = \sqrt{(x'-x)^2 + (y'-y)^2}$$

式中，x'、y' 模型或一次的仿射变换计算得到 x、y 校正值；x、y 为控制点（同名点）的坐标值。

2.1.2.4 几何校正计算模型

ENVI 一般提供仿射变换（RST）、多项式模型（Polynomial）和局部三角网（Triangulation）3 种计算模块。其中，多项式模型在卫星图像校正过程中应用较多。在应用此模型时，需要确定多项式的次方数，通常选择 2 次或者 3 次。选择的次方数与所需要的最少控制点是相关的，最少控制点计算公式为 $(n+1)\times(n+2)/2$，其中 n 为次方数。

2.1.2.5 重采样方法

重新定位后的像元在原图像中分布是不均匀的，即输出图像像元点在输入图像中的行列号不是或不全是正数关系。因此，需要根据输出图像上的各像元在输入图像中的位置，对原始图像按一定规则重新采样，进行亮度值的插值计算，建立新的图像矩阵。

ENVI 提供的内插方法包括：

(1) 最近邻法

取与所计算点 (x,y) 周围相邻的 4 个点，比较它们与被计算点的距离，哪个点距离最近，就取哪个亮度值作为 (x,y) 点的亮度值。

该方法的优点是输出图像仍然保持原来的像元值，简单、处理速度快。但这种方法最大可产生半个像元的位置偏移，可能造成输出图像中某些地物的不连贯。

(2) 双线性内插法

取 (x,y) 点周围的 4 个邻点，在 y 方向内插二次，再在 x 方向内插一次，得到 (x,y) 点的亮度值 $f(x,y)$。

双线性内插法比最近邻法虽然计算量有所增加，但精度明显提高，特别是对亮度不连续现象或线状特征的块状化现象有明显的改善。

(3) 三次卷积内插法

取与计算点周围相邻的 16 个点，先在某一方向内插，再根据计算结果在另一个方向上内插，得到一个连续内插函数。

三次卷积内插法对边缘有所增强，并具有均衡化和清晰化的效果，当它仍然破坏了原来的像元值，且计算量大。

一般认为最邻近法有利于保持原始图像中的灰级，但对图像中的几何结构损坏较大。后两种方法虽然像元值近似，但在很大程度上保留了图像原有的几何结构，如道路网、水系、地物边界等。

2.1.3 图像几何校正的实例及步骤

2.1.3.1 数据来源

(1) 遥感图像数据

2012 年 6 月 22 日获取的 Quickbird 1A 级全色（0.6m）和多光谱彩色数据（2.4m），椭

球体 WGS84，UTM 投影，Geotiff 格式。

(2) 地形图数据

1:10 000 地形图，投影方式为高斯—克吕格投影，3°带，西安 80 坐标系；

(3) 数字高程模型(DEM)数据

1:10 000DEM(5m 分辨率)，投影方式为高斯—克吕格投影，3°带，西安 80 坐标系。

(4) 矢量数据

永平乡边界矢量图，投影方式为高斯—克吕格投影，3°带，西安 80 坐标系。

2.1.3.2 操作步骤

(1) 地面控制点(GCPs)采集

图像正射校正针对 Quickbird 0.6m 全色波段数据。采用高斯-克吕格投影，Krasovsky 参考椭球体，基准面为 IAG-75，西安 80 坐标系。

①将地形图配准拼接，作为野外 GCPs 测量工作用导航图。按均匀分布原则在图像上粗略布设 GCPs。

②选择容易识别和精确定位的道理交叉点、桥梁端点、田埂角点、规则裸地的角点作为 GCPs，测定其精确坐标，并在地形图上做准确的标记。

共测定了 97 个 GCPs，其中可用于图像校正的为 50 个。GCPs 为西安 80 坐标系。

(2) 全色图像正射校正

①使用 ENVI 软件打开 Quickbird 的 0.6m 全色图像：主菜单 File-Open external file-Quickbird-Mosaic Tiled Quickbird Prodcut，选择相应的待校正数据(图 2-2)。

图 2-2 打开 Quickbird 数据

②在主菜单中，选择 File→Open Image File，选择 DEM 数据打开。

③在主菜单中，选择 Map→Orthorecitification→Quickbird→Orthorectify Quickbird With Ground Control，在文件对话框中选择打开的 Quikbird 数据，点击 OK 按钮，打开地面控制点选择对话框(图 2-3)。

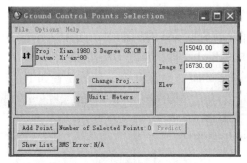

图 2-3　控制点选择对话框

④地面控制点的(x，y)坐标

a. 在校正图像 Display 中移动方框位置，寻找明显的地物特征点作为输入 GCP；

b. 在 Zoom 窗口中，移动定位十字光标，将十字光标定位到地物特征点上(图 2-4)；

图 2-4　在 Zoom 窗口中用十字光标选择控制点

c. 在 Ground Control Points Section 对话框上，将这个点的坐标值键入；控制点的高程值(Elev)可以从 DEM 上获取，利用控制点的(x，y)值通过 DEM 显示窗口中的 Pixel Locator 工具定位，在 Cursor Loaction→Value 窗口中获取这个点的高程值(图 2-5)；

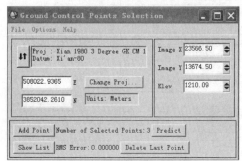

图 2-5　输入控制点的坐标和高程

d. 重复前面的步骤继续采集其他控制点；

e. 当采集到第 4 个点的时候，通过 Predict 预测功能预测图上大致位置。

⑤系统根据 GCP(3 个以上)自动计算 RMS Error 值。一般情况下，控制点的数目在 8~12 个为宜。RMS Error 值需要根据具体生成要求确定是否合格，以像素为单位，如这里约为 0.68 个像素，误差为 0.4m。

⑥在 Ground Control Points Selection 对话框中，选择 Options→Orthorecitify File，在文件对话框中选择待校正的 Quickbird 文件，单击 OK 按钮(图 2-6)。

⑦在 Orthorectification Parameters 对话框中，参数设置如下：

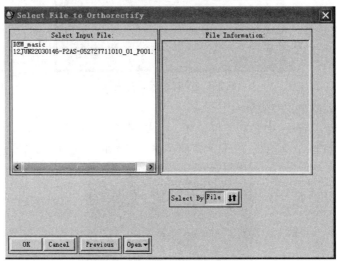

图 2-6　选择正射校正文件

打开 Orthorectification Parameters 对话框，如图 2-7 所示。

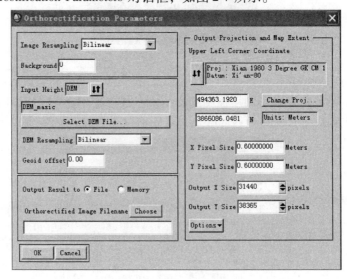

图 2-7　选择正射校正参数

a. 输出图像重采样方法(Image Resampling)：Bilinear；
b. 背景值(Background)：0；
c. 输入高程信息(Input Height)：单击 Select DEM File 按钮，选择打开的 DEM 文件；
d. DEM 重采样方法(DEM Resampling)：Bilinear。ENVI 自动对 DEM 进行重采样，生成与校正图像投影和分辨率一样的数据；
e. 设置输出结果投影参数(Change Projection)：默认为 UTM 投影坐标。单击 Change Proj 按钮可更改输出投影方式；
f. 输出像元大小(X Pixel Size、Y Pixel Size)：默认会计算一个大概值，一般有一定的误差，分别手动输入 0.6m，回车确认输入(回车后 X、Y 的范围会自动调整)；
g. 执行正射校正过程，选择校正结果输出路径及文件名，单击 OK 按钮(图 2-8)；

图 2-8　图像校正过程

h. 查看校正后的图像坐标。在显示窗口中的任意位置，点击右键选择 Pixel Location，弹出 Pixel Location 窗口，可以看到坐标改变为西安 80 坐标(图 2-9)。

图 2-9　任意像元位置信息查询

(3) 多光谱图像校正

下面介绍以具有地理参考的 Quickbird 0.6m 全色波段为基础，进行 Quickbird 2.4m 多光谱图像的几何校正过程。具体步骤如下：

①打开并显示图像文件　选择主菜单 File-Open Image File，将已经校正好的 Quickbird 0.6m 全色数据和 Quickbird 2.4m 多光谱数据文件打开，并将它们分别显示在 Display 中。

②启动几何校正模块　选择主菜单 Map→Registration→Select→GCPs：Image to Image，打开几何校正模块；选择显示 Quickbird 0.6m 全色数据为基准图像（Base Image），显示 2.4m 多光谱文件的 Display 为待校正图像（Warp Image），点击 OK 按钮，进入采集地面控制点（图 2-10，图 2-11）。

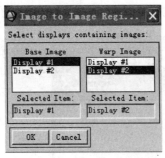

图 2-10　选择校正图像

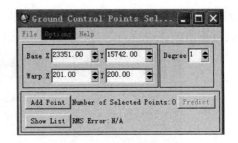

图 2-11　选择控制点

③地面控制点采集过程，具体如下：

a. 在两个 Display 中移动方框位置，寻找明显的地物特征点作为输入 GCP；

b. 在 Zoom 窗口中，点击左下角第三个按钮，打开定位十字光标，将十字光标移动到相同的位置上；

c. 在 Ground Control Points Selection 上，单击 Add Point 按钮，将当前找到的点采集；

d. 用同样的方法继续寻找其他的点，当选择控制点的数量达到 3 时，RMS 被自动计算。Ground Control Points Selection 上的 Predict 按钮可用时，在基准图像显示窗口定位一个特征点，单击 Predict 按钮，校正图像显示窗口上会自动预测区域，适当调整一下位置，单击 Add Point 按钮，将当前找到的点收集；

e. 在 Ground Control Points Selection 上，单击 Show List 按钮，可以看到选择的所有控制点列表；

f. 选择 Image to Image GCP list 上的 Options→Order Points by Error，按照 RMS 值由高到低排列；

g. 对于 RMS 过高，一是直接删除，选择此行，按 Delete 按钮；二是在两个图像的 Zoom 窗口上，将十字光标重新定位到正确的位置，点击 Image to Image GCP List 上的 Update 按钮进行微调；

h. 在 Ground Control Points Selection 上，RMS 值小于 1 个像素时，点的数量足够且分布均匀，完成控制点的选择；

i. 在 Ground Control Points Selection 上，选择 File→Save GCPs to ASCII，将控制点保存。

2.1 遥感图像几何校正

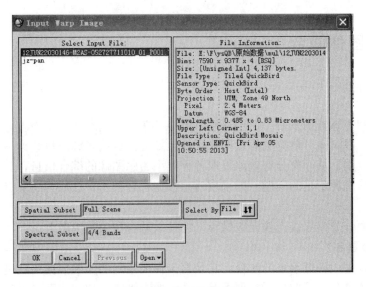

图 2-12 选择校正文件

④选择校正参数输出结果

a. 在 Ground Control Points Selection 上，选择 Options→Warp File（as image Map），选择校正文件（Quickbird 多光谱图像，如图 2-12 所示）；

b. 在校正参数对话框中，默认投影参数和像素大小与基准图像一致；

c. 投影参数不变，在 X 和 Y 的像元大小输入 2.4m，按回车，图像输出大小自动更改；

d. 校正方法选择多项式（2 次）；

e. 重采样选择 Bilinear，选择背景值（Background）为 0；

f. Output Image Extent：默认是根据基准图像大小计算，可以进行适当调整（图 2-13）；

g. 选择输出路径和文件名，点击 OK 按钮。

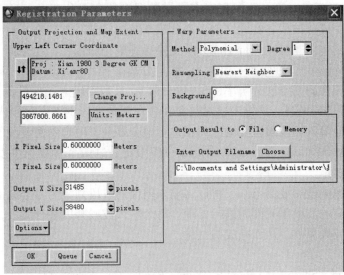

图 2-13 选择校正参数

2.2 卫星图像融合

2.2.1 概述

遥感平台和传感器的发展，使得遥感系统能够为用户提供同一地区的多空间分辨率、多光谱分辨率、多时间分辨率的海量图像资料。如何把这些多源海量数据尽可能地作为一个整体来综合应用，从而充分有效地提取各种类型遥感图像的综合信息，克服遥感图像自动解译中单一信息源不足的问题，即采用遥感数据融合技术，已成为当前遥感研究的热点问题之一。

遥感数据融合分为三级：像元级融合、特征级融合和决策级融合。

(1) 像元级融合

像元级融合是一种低水平的融合，它是直接在采集到的原始数据层上进行的融合，通常用于多源图像复合、图像分析和理解等。基于像元级融合的方法有以下几种：

① HSV 变换　首先，对 RGB 图像变换 HSV 颜色空间，用高分辨率的图像代替颜色亮度值波段，自动用最近邻、双线性或三次卷积技术将色度和饱和度重采样到高分辨率像元尺寸；然后，将图像变换回 RGB 颜色空间。

② Brovey 变换　对 RGB 图像和高分辨率数据进行数学合成，从而使图像融合，即 RGB 图像中的每一个波段都乘以高分辨率数据与 RGB 图像波段总和的比值。然后自动地用最近邻、双线性或三次卷积技术将 3 个 RGB 波段重采样到高分辨率像元尺寸。

③ Gram-Schmidt　第一步，从低分辨率的波段中复制出一个全色波段；第二步，对复制出的全色波段和多波段进行 Gram-Schmidt 变换，其中全色波段被作为第一个波段；第三步，用高空间分辨率的全色波段替换 Gram-Schmidt 变换后的第一个波段；最后，应用 Gram-Schmidt 反变换得到融合图像。

④ 主成分(PC)变换　第一步，先对多光谱数据进行主成分变换；第二步，用高分辨率波段替换第一主成分波段，在此之前，高分辨率波段已被匹配到第一主成分波段，从而避免波谱信息失真；第三步，进行主成分反变换得到融合图像。

⑤ Color Normalized(CN)变换　也称为"能量分离变换(energy subdivision transform)"，它使用来自融合图像的高空间分辨率(低波谱分辨率)波段对输入图像的低空间分辨率(高波谱分辨率)波段进行增强。该方法仅对包含在融合图像波段的波谱范围内对应的输入波段进行融合，其他输入波段被直接输出而不进行融合处理。融合图像波段的波谱范围由波段中心波长和 FWHM (full width-half maximum)值限定，这两个参数都可以在融合图像的 ENVI 头文件中获得。

根据锐化图像波段的波谱范围，可以将输入图像的波段划分为各个波谱单元。系统按照如下方法对相应的波段单元同时进行处理。每个输入波段乘以融合波段，然后再除以波段单位中的输入波段总数，从而完成归一化：

$$CN\_Sharpened\_Band = \frac{InputBand \times Sharpening\_Band \times (Num\_Bands\_In\_Segment)}{(\sum Input\_Bands\_In\_Segment) + (Num\_Bands\_In\_Segment)}$$

该融合方法需要输入图像与融合图像的单位相同(即都为反射率、辐射率、DN 值等)。如果融合图像与输入图像的单位不同,在融合输出对话框中的 Sharpeniening Image Multiplicative Scale Factor 文本框中为融合图像键入一个比例系数,使之与输入图像相匹配。例如,如果输入图像是定标为单位(反射率×10 000)的整型高光谱文件,但是融合图像是被定标为反射率(0~1)的浮点型多光谱文件,应该输入的比例系数为 10 000。如果输入图像单位为辐射率$[\mu W/(cm^2 \cdot m \cdot sr)]$,则应该输入比例系数为 0.001。

(2) 特征级融合

先对原始遥感图像信息进行特征提取,然后对特征进行综合分析和处理,融合结果能最大限度地给出决策分析所需要的特征信息。

(3) 决策级融合

决策级融合是一种高层次的融合,它是在上述像元级和特征级融合所提供的各类特征信息的基础上对图像信息进行识别、分类或目标检测,并在获得有关区域决策信息后,再对所获得的专题图像进行融合处理,它的融合结果直接为指挥、控制、决策系统提供依据。

2.2.2 操作步骤

第一步,在 ENVI Zoom 中打开融合的两个文件 ypx-pan 和 ypx-mul。

第二步,在 Toolbox 中,选择 processing-Pan Sharping,打开 pansharping 对话框,在 Select low spatial resolution multi band 对话框中选择低分辨率图像 ypx-mul(图 2-14)。

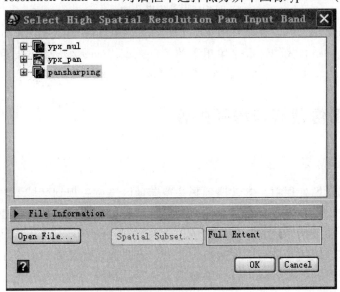

图 2-14 图像融合对话窗口

第三步,在 Select High Spatial Resolution Muti Band Input File 对话框中选择高分辨率单波段图像 cj-pan。

第四步,在弹出的 Pan Sharpening Parameters 输出对话框中,选择传感器为 Quickbird,重采样选择 biline。选择输出路径和文件名,单击 OK 按钮输出(图 2-15)。

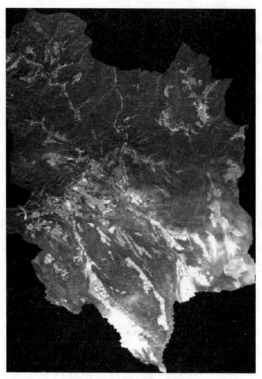

图 2-15 图像融合结果

以图像融合操作也可以在主程序 ENVI 中的主菜单 Spectral/SPEAR tool/pan sharpening 工具完成。其他的整合操作选择主菜单下的 Transform/Image Sharpening 菜单完成，此菜单中有 Gram-Schmidt、主成分(PC)变换、Color Normalized(CN)变换等。

2.3 卫星图像裁剪与增强处理

2.3.1 图像裁剪方法及步骤

在卫星遥感影像处理中，常常遇到影像覆盖地区与调查规划区域不吻合的问题。如果调查工作区域较小，只要一景遥感图像中的局部就可以覆盖的话，就需要进行遥感图像裁剪处理。同时，如果用户只关心工作区域之内的数据，而不需要工作区域之外的图像，同样需要按照工作区域边界进行图像裁剪。此外，有时候可能需要对整个工作区域的遥感图像按照某种比例尺的标准分幅进行分块裁剪，于是就出现规则分幅裁剪、不规则分幅裁剪和分块裁剪等类型。

2.3.1.1 规则分幅裁剪

规则分幅裁剪是指裁剪图像的边界范围是一个矩形，这个矩形范围获取途径包括行列号、左上角和右下角两点坐标、图像文件、ROI/矢量文件。规则分幅裁剪功能在很多处理过程中都可以启动(Spatial Subset)。下面介绍其中一种规则分幅裁剪过程。

①在主菜单中，选择 File→Open Image File，打开裁剪图像（永平乡 Quickbird 0.6m 图

2.3 卫星图像裁剪与增强处理

像和 Quickbird 2.4m 图像)。

②在主菜单中,选择 File→Save File as-ENVI Standard,弹出 New File Build 对话框。

③在 New File Builder 对话框中,单击 Import File 按钮,弹出 Create New File Input File 对话框。

④在 Create New File Input File 对话框中,选中 Select Input File 列表中的裁剪图像,单击 Spatial Subset 按钮。

⑤在 Select Spatial Subset 对话框中,单击 Image 按钮,弹出 Subset by Image 对话框。

⑥在 Subset by Image 对话框中,可以通过输入行列数确定裁剪尺寸,按住鼠标左键拖动图像中的红色矩形框确定裁剪区域,或者直接用鼠标左键按住红色边框拖动来确定裁剪尺寸以及位置,单击 OK 按钮。

⑦在 Select Spatial Subset 对话框中可以看到裁剪区域信息,单击按钮。

⑧在 Create New File Input File 对话框中,可以通过 Spectral Subset 按钮选择输出波段子集,单击 OK 按钮。

⑨选择输出路径及文件名,单击 OK 按钮,完成规则分幅裁剪过程。

- Map:通过输入左上角和右下角两点坐标来确定外边界矩形框。
- File:以另外一个图像文件范围为标准确定外边界矩形框。
- ROI/EVF:以感兴趣区或者矢量外围最大矩形为外边界矩形框。
- Scroll:根据当前放大的(meta zoomed)缩放窗口中的显示为外边界矩形框。

2.3.1.2 不规则分幅裁剪

不规则分幅裁剪是指裁剪图像的外边界范围是一个任意多边形。任意多边形可以是事先生成的一个完整的闭合多边形区域,可以是一个手工绘制的 ROI 多边形,也可以是 ENVI 支持的矢量文件。针对不同的情况采用不同裁剪过程。下面介绍两种方法。

(1)手动绘制感兴趣区

①打开图像(永平乡图像),并显示在 Display 中。

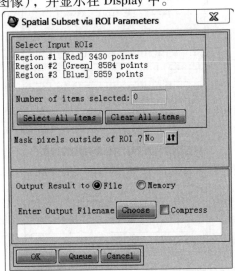

图 2-16 利用感兴趣区剪裁图像对话框

②在 Image 窗口中选择 Overlay→Region of Interest。在 ROI Tool 对话框中，单击 ROI_Type-Polygon。

③绘制窗口（Window）选择 Image，绘制一个多边形，右键结束。根据需求可以绘制若干个多边形；选择主菜单→Basic Tools→Subset data via ROIs，或者选择 ROI Tool→File→Subset data via ROIs，选择裁剪图像。

④在 Spatial Subset via ROI Parameters 中（图 2-16），设置以下参数：
- 在 ROI 列表中（Select Input ROIs），选择绘制的 ROI。
- 在"Mask pixels outside of ROI"项中选择"yes"。
- 裁剪背景值（Mask Background Value）：0。

⑤选择输出路径及文件名，单击 OK 按钮，裁剪图像。

(2) 矢量数据生成感兴趣区

用永平乡矢量图层来完成图像裁剪。步骤如下：

①在主菜单中，选择 File-Open Image File，打开裁剪图像 Quickbird 0.6m 图像和 Quickbird 2.4m 图像。

②打开矢量数据，注意矢量图的投影坐标与图像一致。主菜单中选择 File-open vector file，文件类型改为 shp 格式，打开 Import Vector Files Parameter 对话框，Output Result to 选择 Memory，单击 OK（图 2-17）。

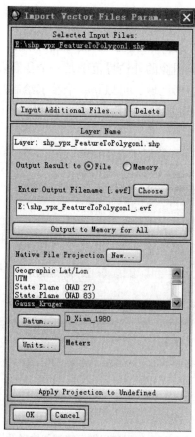

图 2-17　选择矢量文件对话框

③将矢量数据转为 ROI：在弹出的 Available vectors List 对话框中，选择导入的 shp 文件，选择 file→Export layers to ROI，在 Select data file to associate with new ROIs 中选择栅格数据，在 Export EVF layers to ROI 选择 Convert all records of an EVF layers to one ROI，单击 OK(图 2-18)。

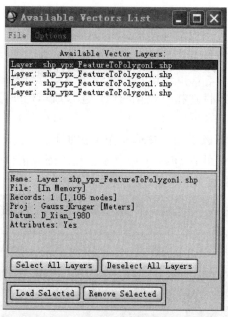

图 2-18 利用矢量文件剪裁图像对话框

④裁剪栅格数据：在 ENVI 主菜单 Basic Tools 中选择 Subset Data via ROIs，在 Select input File to Subset via ROI 中选择需要裁剪的栅格数据。在 Select input ROIs 中选择建立的 AOI，注意 Mask Pixels outside of ROI 这个选项，应该选择 Yes。选择保存路径输出结果，这里命名为 ypx-pan 和 ypx-mul(图 2-19、图 2-20)。

图 2-19 剪裁的调查区多光谱遥感图像　　图 2-20 剪裁的调查区全色遥感图像

2.3.2 遥感图像的增强处理

有些遥感图像的目视效果较差,例如对比度不够,图像模糊;有些图像总体目视效果较好,但对所需要的信息,如边缘信息或线状地物不够突出;有些图像波段多数据量大,但各个波段的信息量存在一定的相关性,为进一步的处理造成困难。针对上述问题,需要对图像进行增强处理。通过图像增强技术,可以改善图像质量、提高图像目视效果、突出所需要的信息、压缩图像数据量,为进一步的图像分析判读做好预处理工作。

图像增强的主要目的有:①改变图像的灰度等级、提高对比度;②消除边缘和噪声,平滑图像;③突出边缘或线性地物,锐化图像;④合成彩色图像;⑤压缩数据量,突出主要信息等。

下面用线性拉伸进行图像增强,具体操作步骤如下:

①打开一个多光谱图像并在 Display 中显示,在主图像窗口中,选择 Enhanced-Interactive stretching,打开交互式直方图拉伸操作对话框(图 2-21)。

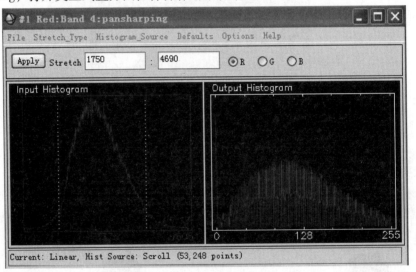

图 2-21 直方图拉伸对话框

②要浏览像元 DN 值和指定 DN 值的像元个数、百分比以及累计百分比,可以在直方图内按住左键并拖动随之产生的白色十字交叉指针,在状态栏中显示信息。

③在交互式直方图拉伸操作对话框中,选择 Stretch-Type-liear(线性拉伸)。

④选择 Option-Auto Apply,打开自动应用功能。

⑤设置拉伸范围,使用鼠标左键,移动输入直方图中的垂直线(白色虚线)到所需位置,或在"Stretch"文本框中输入所需要的 DN 值或一个数据百分比。

⑥根据拉伸 DN 值范围自动缩放数据,使每个直方图 bin 中的 DN 数目均衡。输出直方图用一条红色曲线显示均衡化函数,被拉伸数据的分布呈白色叠加显示。

⑦选择 File-Export Stretch,选择输入路径、数据类型,点击 OK 按钮输出拉伸结果。

2.4 遥感影像地图制作

遥感影像地图是一种以遥感图像和一定的地图符号来表现制图对象地理空间分布和环境状况的地图。在遥感影像地图中，图面内容要素主要由影像构成，辅助以一定地图符号来表现或说明制图对象，与普通地图相比，影像地图具有丰富的地面信息，内容层次分明，图面清晰易读，充分表现出影像与地图的双重优势。此图在林业调查外业工作中具有广泛的用途。以下是 ENVI 软件系统中遥感影像地图制作的过程。

2.4.1 流程概述

第一步，打开遥感影像。启动 ENVI 程序，选择 File→Open Image File。

第二步，模板生成。使用 ENVI 快速制图（QuickMap）功能生成基本模板。

第三步，自定义影像图版面。使用 ENVI 的注记功能，对影像图版面进行设计、编辑。

第四步，保存文件。

2.4.2 具体操作步骤

2.4.2.1 打开遥感影像

①ENVI 主菜单中，选择 File → Open Image File。

②在 Enter Input Data File 文件选择对话框中选择遥感影像，点击 Open。可用波段列表中列出的影像文件及其各波段来设定影像的显示方式。

③点击 Load 将该影像加载到显示窗口中。

2.4.2.2 生成快速制图模板

①主影像显示窗口菜单中，选择 File → QuickMap → New QuickMap，打开 QuickMap Default Layout 对话框。设置模板的参数：输出页的大小（图幅的大小）、页的方位（图幅形式）、地图的比例。

②点击 OK 完成设置。

③选择制图范围。鼠标左键点击显示窗中红色框的左下角并拖动方框，选中整个影像。

④点击 OK，显示 QuickMap Parameters 对话框。

⑤在 Main Title 文本框中键入图名：××× Image Map。

⑥在影像图中加载投影信息。鼠标右键点击 Lower Left Text 文本框，在弹出的菜单中选择 Load Projection Info 加载影像的投影信息。

⑦在 Lower Right Text 文本框中，输入制图单位和制图员信息：×××

⑧保存快速制图模板。选择 Save Template，并输入文件名，点击 OK。

⑨点击 Apply，在 ENVI 显示窗口中显示快速制图的结果。可以继续修改 QuickMap Parameter 对话框中的设置，点击 Apply 更新显示结果。

2.4.2.3 自定义影像图版面

(1) 虚拟边框设置

①在主显示窗口菜单栏中选择 File → Preferences，打开 Display Parameters 对话框，设置虚拟边框的边界值和颜色。

②点击 OK 按钮，完成虚拟边框的设置。

(2) 千米网设置

ENVI 支持同时显示像素千米网、地图坐标千米网以及地理坐标（纬度/经度）网。添加或修改地图影像千米网：

①主显示窗口菜单栏中选择 Overlay → Grid Lines。打开 Grid Line Parameters 对话框，显示默认的千米网设置。

②设置千米网属性参数。选择 Options → Edit Map Grid Attributes 或 Edit Geographic Attributes 或 Edit Pixel Attributes 修改所选千米网的属性

③点击 OK 按钮，完成参数设置。

④在 Grid Line Parameters 对话框中，点击 Apply 按钮，将新的千米网应用到影像图中。

(3) 注记要素操作

①在主显示窗口菜单栏中选择 Overlay → Annotation，打开 Annotation 对话框。

②从 Annotation 对话框菜单栏的 Object 下拉菜单中选择所需的注记要素。

③选择 Image 单选按钮指定注记放置的窗口。

④在主显示窗口，鼠标左键点击注记要素放置的位置，点击鼠标右键锁定注记的位置。

⑤编辑注记要素。

- 移动注记要素。菜单中选择 Object → Selection/Edit，用鼠标左键拖画出一个矩形框选择待移动的注记要素。通过点击小圆柄并拖放，可以重新设置注记要素的新位置。
- 修改注记要素的属性。菜单中选择 Object → Selection/Edit，用鼠标左键拖画出一个矩形框选择待修改的注记要素。在 Annotation 对话框中修改注记要素的属性。
- 删除或复制注记要素。菜单中选择 Object → Selection/Edit，用鼠标左键拖画出一个矩形框，选择待修改的注记要素。选择 selected → Delete 或 Duplicate，删除或复制注记要素。

⑥点击鼠标右键重新锁定注记位置。

(4) 指北针

①从 Annotation 对话框菜单栏中选择 Object → Symbol。

②鼠标左键点击 Font 按钮的下拉菜单，选择 ENVI Symbols。从表中选择需要的指北针，并设置指北针的大小、方向、颜色等属性。

(5) 地图比例尺

①在 Annotation 对话框中，选择 Object → Scale Bar。

②在 Annotation 对话框中设置比例尺的单位、比例尺分隔的数目、字体、大小等

参数。

③鼠标左键点击主显示窗口中放置地图比例尺、点击鼠标右键锁定注记的位置。

(6)图例

①在 Annotation 对话框中选择 Object → Map Key。

②选择 Edit Map Key Items 来添加、删除或者修改单个的图例项。

③使用鼠标左键放置图例，使用鼠标右键锁定图例的位置。

2.4.2.4 保存

在 File → Save Image As → Image File 工具栏中打开 Output Display to Image File 对话框。在 Out File Type 列表框中选择输出的文件类型 jpg 或 tiff。单击 OK 按钮保存好文件。

本章小结

本章重点介绍了在 ENVI 软件支持下的遥感影像处理的具体操作方法步骤，内容包括影像几何校正、卫星图像融合、卫星图像裁剪与镶嵌、遥感影像的增强处理、遥感影像地图制作。

影像几何校正的内容包括：地面控制点(GCPs)采集；全色影像正射校正；多光谱影像校正。其中，多光谱影像校正为常用方法，它的主要步骤是：①打开并显示影像文件；②启动几何校正模块；③地面控制点采集和完成校正。

卫星图像融合主要介绍了 ENVI 中 Processing-Pan Sharping 处理方法。

卫星图像裁剪与镶嵌主要分绍 ENVI 中完成图像裁剪和镶嵌的步骤。分别为规则分幅裁剪和不规则分幅裁剪。

遥感图像的增强处理介绍了在 ENVI 中进行线性拉伸方法。

遥感图像地图制作主要步骤包括打开遥感影像、生成快速制图模板、自定义影像图版面和保存结果。

参考文献

代华兵,李春干,李政国.2006.基于星站差分 GPS 及 DEM 的林区 SPOT5 数据正射校正[J].林业资源管理(3):68-71.

邓书斌.2010.ENVI 遥感图像处理方法[M].北京:科学出版社.

马友平,冯仲科,何友均,等.2007.基于 ERDAS IMAGINE 软件的快鸟图像融合研究[J].北京林业大学学报,29(2):181-184.

王耀革,王玉海,朱长青,等.2004.基于灰度形态学的高分辨率遥感图像预处理[J].测绘学院学报,21(2):108-110.

韦玉春,汤国安,杨昕,等.2008.遥感数字图像处理教程[M].北京:科学出版社.

汤国安,张友顺,刘咏梅,等.2006.遥感数字图像处理[M].北京:科学出版社.

第 3 章 遥感图像解译

遥感图像是地物电磁波谱特征的实时记录。人们可以根据记录在图像上的影像特征来识别和区分不同地物，它包括地物的光谱特征、空间特征和时间特征等。为了解译这些信息，我们必须具备图像解译方面的专业知识、地理区域知识和遥感系统知识。遥感图像解译与我们日常的观察习惯有 3 点不同：一是遥感图像通常为顶视或鸟瞰，而不同于平日里的透视；二是遥感图像常用可见光以外的电磁波谱段，而大多数我们所熟悉的特征在可见光内外谱段，可以表现得十分不同；三是遥感图像常以一种不熟悉或变化的比例和分辨率描述地球表面。因此，对于初学者需要多对照地形图、实地，或熟悉地物的观测，增强立体感和景深印象，以纠正视觉误差并积累经验。可见，遥感图像的解译过程是个经验积累的过程。

一般来讲，遥感图像解译的主要步骤包括建立解译标志、室内解译和外业验证等。

3.1 遥感图像解译标志

图像识别就是指根据人的经验和知识，通过图像解译的基本要素和具体的解译标志来识别目标或现象。

> 【本章提要】遥感图像解译是根据图像的几何特征和物理性质，进行综合分析，从而揭示出物体或现象的质量和数量特征，以及它们之间的相互关系，进而研究其发生发展过程和分布规律，即根据图像特征来识别它们所代表的物体或现象的性质。本章重点介绍了遥感图像解译的步骤和基本方法。

3.1.1 图像识别的基本要素

(1) 色调或颜色(tone or color)

色调指图像的相对明暗程度;在彩色图像上色调表现为颜色。

(2) 阴影(shadow)

阴影指因倾斜照射地物自身遮挡光源而造成影像上的暗色调。阴影反映了地物的空间结构特征,既增强立体感,又显示地物的高度和侧面形状,有助于地物的识别。阴影可分为本影和落影,本影是地物未被太阳光直接照射到的部分形成的阴影;落影指在太阳光照射下,地物投落到地面上的阴影。前者反映地物顶面形态;后者反映地物侧面形态,可根据侧影推算出地物的高度。

(3) 大小(size)

大小指地物尺寸、面积、体积在图像上的记录。大小是地物识别的重要标志,它直观地反映目标相对于其他目标的大小。若提供图像的比例尺或空间分辨率,则可直接测得目标的长度、面积等定量信息。

(4) 形状(shape)

形状指地物目标的外形、轮廓。图像记录的多为地物的平面、顶面形状;侧视成像雷达测得侧视的斜象。地物的形状是识别它们的重要而明显的标志。不少地物往往可以直接根据它特殊的形状加以判定。

(5) 纹理(texture)

纹理指图像上色调变化的频率,即图像的细部结构以一定频率重复出现。纹理是一种单一细小特征的组合。这种单一特征可以很小,以至于不能在图像上单独识别,如叶片、叶部阴影、河滩的砂砾等。目视解译中,纹理指图像上地物表面的质感(平滑、粗糙、细腻等印象)。纹理不仅依赖于表面特征,且与光照角度、图像对比度有关,是一个变化值。对光谱特征相似的物体常通过纹理差异加以识别,例如,在中比例尺航空相片上的林、灌、草,针叶林表现相对粗糙,灌丛较粗糙,幼林有绒感(绒状影纹),草地,则细腻、平滑感等。

(6) 图案(pattern)

图案即图型结构,指个体目标重复排列的空间形式。图案反映了地物的空间分布特征。许多目标都具有一定的重复关系,构成特殊的组合形式。图案可以是自然的,也可以是人为的。这些特征有助于图像的识别,如住宅区的建筑群、水田的垄块、果园、排列整齐的树冠等。

(7) 位置(site)

位置指地理位置,它反映地物所处的地点与环境。地物与周边的空间关系,如菜地多分布于居民点周围及河流两侧;机场多在大城市郊区平坦地等。位置对于植物识别尤为重要,如有的植被生长于高地、有的植被只能生长于湿地等。

(8) 组合(association)

组合指某些目标的特殊表现和空间组合关系,即物体间一定的位置关系和排列方式,或空间配置和布局。如砖场由砖窑的高烟夕、取土坑、堆砖场等组合而成;军事目标可能有雷达站、军车、军营等。

3.1.2 遥感图像解译标志

解译标志是指在遥感图像上能具体反映和判别地物或现象的影像特征。根据上述的8个解译要素的综合，结合摄影时间、季节、图像的种类、比例尺、地理区域和研究对象等，可以整理出不同目标在该图像上所特有的表现形式，即建立识别目标所依据的影像特征——解译标志。

3.1.2.1 解译标志的分类

遥感图像特征与实地情况对应的逻辑关系是图像解译的依据。各种地物都有各自特有的逻辑关系，这种逻辑关系图像上所能够反映和表现地物信息的各种特征称为解译标志，通常又称为解译标志，包括直接解译标志和间接解译标志两类。

(1) 直接解译标志

直接解译标志指图像上可以直接反映出来的影像特征，包括目标地物的大小、形状、阴影、色调、纹理、图型和位置与周围的关系等。

(2) 间接解译标志

间接解译标志指运用某些直接解译标志，根据地物的相关属性等地学知识，间接推断出的影像特征。如根据道路与河流相交处的特殊影像特征，可以判断渡口；根据水系的分布格局与地貌构造、岩性的关系，来判断构造、岩性(如树枝状水系多发育在黄土区或构造单一、坡度平缓的花岗岩低山丘陵区，放射状、环状水系多与环状构造有关，格状水系多受断裂构造、节理裂隙的控制等)等。

3.1.2.2 地物遥感光谱信息分类

自然界地物多种多样，其光谱信息也复杂多变，但从遥感特征和人的认识规律分析，地物有分层分类的特征。为了有效地对各类地物进行分析解译，要依据遥感图像特征和遥感图像解译的基本原理，利用分层分类解译方法，建立图像解译标志。对大多数遥感图像来说，有几种地物占主导地位，从光谱研究角度，决定图像的基本类型的光谱信息称为一级光谱信息(表3-1)。

表3-1 地物的遥感光谱信息分类

层级	地标特征							
一级	陆地				水体			
二级	非植被覆盖		混合体		植被覆盖			
三级	裸地	耕地	居民点	稀疏草原	居民点	林地	草地	农田	…
四级	…	…	…	…	…	…	…	…	

3.1.2.3 建立遥感解译标志应遵循的原则

解译标志是遥感图像解译的主要标准。通过建立解译标志，能够帮助解译者识别遥感图像上的目标地物，帮助确定那些分布在不同地区、相同时相的遥感图像上与已知地类色调、结构、纹理等各方面相同，但又不能到达地区地类的属性。这样不仅减少了野外工作量，节省人力财力，提高效率，而且也提高了解译工作的准确程度和质量。同时，通过建立解译标志将使遥感为 GIS 提供更可靠的多视场、多方位、多层次、多方式信息。

建立解译标志应该遵循以下原则：
①遥感信息与地学资料相结合原则。
②室内解译与专家经验、野外调查相结合原则。
③综合分析与主导分析相结合原则。
④地物图像特征差异最大化、特征最清晰化原则。
⑤解译标志综合化原则，既要包括图像的色调、形状、大小、阴影等直接特征，也要涵盖纹理、位置布局和活动等间接特征。

3.2 解译标志建立的过程

解译标志是随着不同地区、不同时段、不同片种等多种因素变化而变化的。因而解译标志的建立必须有明确的针对性，通过典型样片，对典型标志进行实地对照、详细观察与描述。其过程包括室内预判、外业（样地）调查、建立解译标志、核查与修改四个步骤。

3.2.1 室内预判

室内预判的目的是为了解调查区概况、地貌类型、土地利用类型、植被类型及各自时空分布规律。预判时首先应全面观察调查区遥感图像，了解调查区地形地貌特征及地类分布情况，在了解和掌握解译地区概况的基础上，根据解译任务的需要及遥感监测调查的特点，制定统一的分类系统，并选择已知或典型地类先进行室内解译。以已知类型图斑的属性作为样地属性。解译内容可以包括土地利用类型、地形地貌等，此过程为室内预判。根据预判结果在调查区遥感图像上分别将不同地类勾绘出来。预判的正确程度必须经过外业核实、建标、检验才能最终确定。对于同一地类的不同类型也应经过进一步的外业调查、内业解译与分析才能了解和掌握其图像特征。

3.2.2 外业调查

外业调查是在室内预判的基础上进行。大面积的林业调查规划设计，不可能对每块林地都一一进行立地调查。因而必须考虑到，既不能使外业调查的工作量过大，又要使调查材料较为全面地反映不同立地的地物特征。通常是在充分搜集与分析当地现有资料的基础上，采用线路调查和典型样地调查相结合的方法进行。

3.2.2.1 线路调查

线路调查（采集样点）是在室内预判的基础上进行。调查线路应具有代表性。代表性包括两种内涵：一是代表的种类全，指包括该地区非常典型的地貌和难以解译的地类。按照"地貌—植被"的顺序，根据预判的大致情况，结合调查总体区域的自然条件，选择不同地类的样点；二是种类表现的特征全，需要从每一类型中选择出多个典型样点，使它们能包含该地类的所有特征。一个地区典型样点应涵盖不能判定地类的所有不同色调、不同形态、不同结构、不同纹理的图像，以及根据专业调查及动态监测所需确定的更细的分类等级。线路调查需要借助遥感图像数据、遥感图像处理软件或 GIS 软件，借助这些软件得到样点的经纬度，以便准确地进行实地勘查。

线路调查中，应结合进行调查区的立地调查，要划分不同立地的线段，并逐步进行详细调查记载。

(1) 选设调查线路

选设调查线路的原则是，根据林地分布情况，地形地势特点，并照顾到线路的水平分布(调查地区内分布均匀)和垂直分布(由山脚、沟底到山顶、沟顶)，尽可能较多地通过各种不同自然条件的林地。一般应先在图面上(最好是在地形图或遥感图像上)预设，然后通过现地踏查确定所需选设的多条调查线路。各条调查线路按顺序统一编号。

每条调查线路应保持一定的方向，并基本上按直线进行调查。每条调查条线路的长度，一般应不小于 500m 或 1000m，以保持一条调查线路上自然条件变化规律的延续性。调查线路的数量，应根据当地具体情况而定，以能反映立地条件的变化规律，说明立地类型的特征为原则。一条调查线路上同一立地类型重复出现次数应不少于三次。

(2) 划分调查段

在调查线路上进行调查时，应随时注意观察地形(坡向、坡度和海拔高度等)、土壤(土壤厚度、质地、结构和石砾含量等)、植被(优势种和指示性植物)等各方面的变化规律。当这些条件有明显变化(不是局部的偶然现象，而是在一定条件下出现的不同立地条件特征)，而这些变化又足以引起造林树种或造林、经营措施等方面的不同时，则应准确地划定变化界限，区分出不同立地条件的调查段，并按顺序进行编号。

调查段划分以后，估测调查段的水平距离和海拔高度(可借助于地形图和海拔仪)。在调查段内选择有代表性的位置，即选择能够充分反映本调查段立地条件特征的地段(应避免选在两个调查段之间的过渡地带)，进行详细调查记载。在本调查线路或其他调查线路上，如遇到同类型的地带，仍需划分调查段进行调查记载。同一类型调查段的调查材料，一般应不少于 3 个。

(3) 绘制线路调查草图

为了对线路调查情况有一个比较直观和概括性的了解，便于对调查材料进行整理与分析，在线路调查时，应分别每条调查线路绘制线路调查草图。草图的内容主要包括线路长度、地形条件、调查段间距和海拔高度等。草图可用方格纸或普通纸按大致比例勾绘(图3-1)。

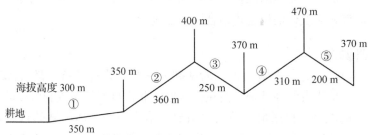

图 3-1　线路调查草图

(4) 立地调查的内容和记载方法

在调查区立地调查中，一般应以主导环境因子(地形、土壤、植被)为主要调查内容，并对局部小气候和水文等方面作适当的补充调查。

野外调查一般按"立地类型调查表"(表 3-2)的项目和顺序进行。表中所列项目较多，但某个地区和某个调查段并不一定所有项目俱全。比如，调查段内没有岩石裸露，或者没有乔木树种，则应在相应栏内注记"无"字，或划一斜线"/"，表明已进行调查，并非是漏项。土壤调查和植被调查记载按表 3-2 内容填写即可，对于地形因子调查记载这里做进一步说明：

①编号　填写调查线路与调查段的编号。调查线路以规划设计区域为整体按一定顺序编号。调查段则按每一条调查线路顺序编号。为便于区别线号和段号，可在线路编号与调查段编号间加一"—"号，如第一条线路上的第七调查段编号为 01－07。

表 3-2　立地因子调查表

编号_____　　地点_____
调查段周围情况_____
海拔高度(m)_____　坡向_____　坡度(°)_____　坡位_____
地形特点_____
裸岩比例(%)_____　侵蚀状况_____
母质及母岩_____　地表水、地下水_____
小气候特点_____
人为活动情况_____

土壤剖面记载

剖面略图	层次	厚度	颜色	质地	结构	干湿度	紧实度	新生体	侵入体	酸碱度	石灰反应

土壤剖面特点

土层厚度	腐殖质厚度	石砾含量	干湿度	质地	紧实度	结构	根系分布

土壤名称_____

乔木：

树种	年龄	树高	胸径	单位面积株数	分布	生长状况

灌木：总覆盖度_____%

种 类	高 度	覆 盖 度	分 布	其 他

草本：总覆盖度_____%

种 类	高 度	覆 盖 度	分 布	其 他

调查小结（立地条件总特点、类型命名及造林措施意见等）：

调查者：_____ 调查日前：_____

②地点　为了准确查找调查段在图面和现地的具体位置，应注明该调查段所在的地点，如县、乡、村和小地名。已有林业调查区划的地区，则应注明林场、分场、作业区、林班（营林区）和小班。

③调查段周围情况　为了反映周围环境条件对本调查段的影响，调查记载与本调查段相邻的地类、地形、植被情况，以及是否有道路、垦荒、放牧、割草、割灌、火烧等情况。

④坡向　指坡面所指方向。调查时，记载调查段的主要坡向，一般按东、南、西、北、东南、东北、西南、西北等记载。根据坡向对立地影响的大小，归纳材料时可分为阳坡、阴坡以及半阳坡、半阴坡等。

⑤坡度　为了按坡度分类或命名，一般将坡度划分为坡度等级。例如，5°以下为缓坡，6°~15°为平缓坡，16°~25°为斜坡，26°~35°为陡坡，36°~45°为急坡，46°以上为险坡。

⑥坡位　指调查段在坡面上所处的位置。一般在较长的坡面上，可分为上部、中上部、中部、中下部和下部等坡位。坡面较短时，则可按上部、中部和下部三个坡位划分。

⑦地形特点　根据当地的地貌条件，描述调查段内地形特征和小地形变化的相对高度。地形特征的描述，山地一般可分为山顶、山脊和山坡（凸坡、直线坡、凹坡和凹凸形坡等）；丘陵可分为丘顶、丘坡和丘间凹地等；河谷地可分为河床、河漫滩和阶地等；风沙区可分为固定沙丘、半固定沙丘和流动沙丘；黄土高原区可分为塬、梁、峁、斜缓坡、沟坡、沟底、阶地、河谷等。目测内部小地形起伏变化的高度。

⑧裸岩比例　记载裸露岩石的分布状况和所占面积的比重。岩石分布状况，通常以带状、团状、均匀和零星分布等描述；岩石裸露面积比重以目测百分数记载。

⑨侵蚀状况　主要调查记载有无土壤侵蚀、风蚀或沙化的情况。在有土壤侵蚀的地区，应按侵蚀类型（片蚀、沟蚀、崩塌）、侵蚀程度（轻度、中度、强烈、剧烈）和侵蚀形成的原因进行调查记载（土壤侵蚀程度划分标准可参阅附录1）。

⑩母质及母岩　母质具备了初步的肥力性质，为生物生长繁殖和土壤形成奠定了基础，根据母质的形成和搬运情况，分残积母质和运积母质；后者是指经重力、水利、风、冰川等搬运后再沉积的母质，如坡积母质、冲击母质、风积母质、冰碛母质等。调查记载上述信息。

⑪地表水、地下水 地表水分为河流流域、河流；地下水按水埋深等级划分为深位地下水、中位地下水、高位地下水；泉水分为升泉、降泉。上述信息根据实际情况详细记录在表格中。

⑫小气候特点 较大范围内的气象条件，一般通过收集当地有关气象资料即可掌握。对于局部小气候条件，如风口、迎风面、干燥、阴湿、低温、积雪、雹、霜期等，与周围其他地段有明显差别的应进行调查记载。一般可采用访问调查的方法或根据地形条件加以判断。

⑬人为活动情况 调查记载该地段内有无人为活动情况以及频繁程度如何。例如，砍柴、割草、割条、放牧和火烧等。

3.2.2.2 典型样地调查

典型样地的调查是将图像与其实际地类相结合的过程。带上事先采集样点的经纬度数据、预判已区划的卫星图像、地形图及相关的图面资料，根据事先已布设的样点，用地形图、GPS现地定位，调查并记载所采集样点的地类、地貌因子、地理坐标、地物类型等信息，并用照相机拍摄现地图像(表3-3)。

表3-3 调查典型样地解译样片

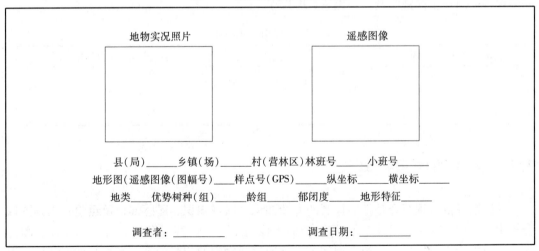

3.2.3 建立解译标志

在实际工作中，建立解译标志是将外业区划在卫星图像上不同地类的图斑在计算机上准确勾绘出来，并把卫星图像、实地照片、解译标志汇集成该类型的典型解译样片。将计算机图像特征与实地情况相对照，建立实际类型与计算机图像之间的关系，即可获得不同色调、形态、纹理、地形、地貌等因子所对应的专业要素。根据卫星图像上所调查的地类与图像之间的对应关系，获得各地类在图像上的特征，将各地类图像的色调、光泽、质感、几何形状、地形地貌等因子记载下来，建立图像特征与实地情况的对应关系，即目视解译标志，并形成解译标准。

3.2.4 核查与修改

建立的解译标志还应经过复核检查后才能确定。鉴定的方法是在所有样地中系统抽取 15%~20%的样地进行现地调查和利用解译标志室内解译，根据对样地的实测和利用解译标志室内解译的结果进行对比分析，计算解译地类精度，并按表 3-4 格式填写解译标志考核登记表。如果正判率达到技术要求（地类 95%，荒漠化 85%），则解译标志可以用于指导工作；否则进行错判分析，并重新建标或修正原有解译标志（表 3-4）。

表 3-4　解译标志考核登记表

正判率：

样地或图班编号	真值	解译类型	正	错

考核人：_____　　　被考核人：_____　　　考核日期：_____

建标后的成果应表现为典型样片或解译标志表。所有地类解译样片汇集则为典型样片册。解译标志表是将各地类及其他因素在图像上的特征进行归纳整理，以表格形式反映不同图像特征对应不同地类及其他因素（表 3-5）。

表 3-5　图像解译标志表

代码	类型	标志描述	解译样片

3.3　遥感图像目视解译

遥感图像的目视解译是把解译者的专业知识、区域知识、遥感知识及经验介入到图像分析中去，根据遥感图像上目标及周围的影像特征——色调、形状、大小、纹理、图型等，以及影像上目标的空间组合规律等，并通过地物间的相互关系，经综合推理分析来识别目标。从这个意义上讲，由于它充分利用了解译者的知识、经验，这比计算机的自动识别更精确，因而目视解译是遥感图像解译最基本的方法，是遥感应用分析中必不可少的研究手段。

3.3.1　遥感目视解译的方法

(1) 直接解译法

直接解译根据遥感影像目视解译直接标志，直接确定目标地物属性与范围的一种方法。例如，在可见光黑白相片上，水体对光线的吸收率强，反射率低，水体呈现灰黑到黑色色调，根据色调可以从影像上直接解译出水体，根据色带的形状则可以直接分辨出水体是河流或湖泊。在 TM4、3、2 三波段假彩色影像上，植被颜色为红色，根据地物颜色色调，可以直接从颜色特征上将植物与背景区别。直接解译法使用的直接解译标志包括：色调、色彩、大小、形状、阴影、纹理、图案等。对于边界特征清晰的目标物体，可以根据其形状、图型等解译特征直接确定其分布范围。

(2) 对比分析法

对比分析法包括同类地物对比分析法、空间对比分析法和时相动态对比分析法。同类地物对比分析法是在同一景遥感影像上，由已知地物推出未知目标地物的方法。例如，在大、中比例尺航空摄影相片上识别居民点，读者一般都比较熟悉城市的特点，我们可以根据城市具有街道纵横交错、大面积浅灰色调的特点与其他居民点进行对比分析，从中将城市从背景中识别出来，也可以通过比较浅灰色调居民点的大小，将城镇与村庄区别开来。

空间对比分析法是根据待解译区域的特点，解译者选择另一个熟悉的与遥感图像区域特征类似的影像，将两个影像相互对比分析，由已知影像为依据来解译未知影像的一种方法。例如，两张地域相邻的彩红外航空相片，其中一张经过解译，并通过实地验证，解译者对它很熟悉，因此就可以利用这张彩红外航空相片与另一张彩红外航空相片相互比较，从"已知"到未知，加快对地物的解译速度。使用空间对比分析法应注意对比的区域应该是自然地理特征基本相似的，即应在同一个温度带，并且干湿状况相差不大。

时相动态对比分析法，是利用同一地区不同时间成像的遥感影像加以对比分析，了解同一目标地物动态变化的一种解译方法。例如，遥感影像中河流在洪水季节与枯水季节中的动态变化。利用时相动态对比法可进行洪水淹没损失评估，或其他一些自然灾害损失评估。

(3) 信息复合法

利用透明专题图或者透明地形图与遥感图像重合，根据专题图或者地形图提供的多种辅助信息，识别遥感图像上目标地物的方法。例如，TM 影像图，覆盖的区域大，影像上土壤特征表现不明显，为了提高土壤类型解译精度，可以使用信息复合法，利用植被类型图增加辅助信息。从地带性分异规律可知，太阳辐射能在地表沿纬度变化会导致土壤与植被呈现地带性变化，当植被类型为热带雨林和亚热带雨林时，其地带性土壤是砖红壤性红壤，当植被类型为亚热带常绿阔叶林时，其地带性土壤是红壤或黄壤。由温带、暖温带地区海陆差异引起的从海岸向大陆中心发生变化的经度地带性，也会造成土壤的变化，如森林草原植被覆盖下的黑钙土，草原下的栗钙土，荒漠草原下的灰钙土、棕钙土。植被类型提供的信息有助于我们对土壤类型的识别。

等高线对识别地貌类型、土壤类型和植被类型也有一定的辅助作用。例如，在卫星影像上，高山和中山多呈条块状、棱状、月状、肋骨状或树枝状图型。等高线与卫星影像复合，可以提供高程信息，这有助于中高山地貌类型的划分。

(4) 综合推理法

综合考虑遥感图像多种解译特征，结合生活常识，分析、推断某种目标地物的方法。例如，铁道延伸到大山脚下，突然中断，可以推断出有铁路隧道通过山体。在航空摄影相片中，公路在相片上的构像为狭长带状，在晴朗天气下成像时，公路因为平坦，反射率高，影像上呈现灰白或浅灰色调，铁路在形状上构像与铁路相似，色调为灰色或深灰色,这时从色调上比较易于识别;但在大雨过后成像的航空相片上,因路面积水,公路影像色调也呈现灰色至深灰色,很难依据色调将公路与铁路区分;此时可采用综合推理法,因汽车转弯相对灵活,公路转弯半径很小,而火车转弯不灵活,铁路在转弯处半径很大。此外,铁路在道口与公路或大路直角相交,而大路与公路既有直角相交,也有锐角相交。铁路每隔一定距离就有一个车站,根据这些特征综合分析,可将公路与铁铁路区别开来。

(5)历史对比法

这是作动态研究时所采用的最好方法。例如,研究滑坡、土体厚度、滑坡速度、方向等,可采用不同时期拍摄的影像,作不同时期的历史比较,得出有害地质体随时间而变化的有关数据。又如,水资源监测,也可利用不同时期的影像特征,作出一些定性、定量的分析。

3.3.2 遥感目视解译一般程序

明确目的→选择、制备图像→收集地形图、地图及其他有关资料→综合分析、野外踏勘,建立解译标志→目视解译(由整体到局部、由易到难、由此及彼、由表及里、去伪存真)→野外验证→校对、检查、成图,综合分析,编写成果报告。

为了提高图像解译的水平,不仅要求解译者掌握、分析研究对象的波谱特征、空间特征和时间特征等,了解遥感图像的成像机理和影像特征,而且离不开对地物地学规律的认识以及对地面实况的了解,只有这样才能从影像提供的大量信息中,去伪存真,提取出所需要的专题特征信息。事实上,从遥感图像上所获得信息的类型和数量,除了与研究对象的性质、图像质量密切相关以外,还与解译者的专业知识、经验、使用方法以及对干扰因素的了解程度等直接相关。

3.3.3 人机对话屏幕目视解译

人机对话目视解译是在 GIS 或遥感图像处理系统支持下,技术人员依据自己所掌握的背景知识,利用计算屏幕一边目视解译地物的图像特征一边勾绘地物界线的过程。其优势在于充分发挥人的判断能力和计算机的快速成图功能。

屏幕目视解译的步骤如下:

①选择 GIS 软件平台(如 ArcGIS、MapGIS、Supermap 等)。
②启动 GIS 图形编辑功能。
③在 GIS 图形编辑窗口打开已经处理好的遥感影像。
④创建和加载矢量图层(点、线、多边形)。
⑤依据已经建立的图像解译标志,利用 GIS 图形编辑工具勾绘各类地物边界。
⑥地类属性表填写具体操作实例可参考第 4 章森林分类与区划和第 5 章土地利用现状调查。

3.3.4 影响地物特征解译的因素

遥感解译过程是很复杂的,受许多因素所影响。

(1) 遥感信息的综合性

遥感图像所显示的是某一区域特定地理环境的综合体。遥感提供的是一种综合信息。这种"综合"表现在两个方面：

①地理要素的综合　地理要素反映的是地质、地貌、水文、土壤、植被、社会生态等多种自然、人为要素的综合。这些因子是密切相关、交织在一起，往往难以区分。

②遥感信息本身的综合　遥感信息可以是不同空间分辨率、不同波谱分辨率、不同时间分辨率和不同辐射分辨率等遥感信息的综合。

(2) 地理环境的异质性

遥感数据所对应的地理环境是一个复杂的、多要素的、多层次的、具动态结构和明显地域差异的开放巨系统。它在时间和空间上是不断变化的，因而遥感信息中的各要素是相互关联、复杂变化的。

(3) 解译过程复杂性

可以认为遥感图像解译过程是对遥感这一"综合信息"进行层层分解的过程。这个过程是相当复杂的，它的难度表现在以下几个方面：

①地物波谱特征是复杂的，它受多种因素控制的，本身也是因时因地在动态变化着。

②自然界存在着大量"同物异谱"与"异物同谱"现象。

同物异谱：同一种地物由于地理区位不同、环境影响因素不同等，在影像上的表现形式不一。

异物同谱：影像上表现形式相同，但未必是同一地物或现象。

地物的时空属性和地学规律是错综复杂的，各要素、类别之间的关系是属于多种类型的。有的具明显的规律性，如地带性规律、植物季节变化规律等；有的具随机性、不确定性，如自然灾害等；有的具有模糊性，存在过渡渐变关系，如自然地带、草场类型的变化，且过渡带随季节变动而移动。为了提高解译结果的正确性、可靠性，必须借助辅助数据、地学知识，进行遥感与地学综合分析，两者结合不但可扩大地学本身的视野，促进地学的数量化发展，而且可改善遥感解译、分析精度，因而被广泛应用。

本章小结

遥感图像解译是遥感技术应用于林业各类调查的关键环节，图像解译标志建立的正确与否，是保证从遥感图像获取林业调查信息的重要前提。广义而言，遥感图像解译包括目视解译和计算机自动解译两部分内容，本章主要对林业生产中常用目视解译（含人机对话屏幕目视解译）的概念、解译标志建立的过程、工作流程以及方法进行了介绍。

遥感图像解译标志分为直接解译标志和间接解译标志。直接解译标志是肉眼能够直接识别的影像特征，包括目标地物的大小、形状、阴影、色调、纹理、图型和位置与周围的关系等。间接解译标志是不能用肉眼直接识别，而是根据地物的相关属性间接推断出的影像特征。

遥感图像解译标志建立的过程包括室内预判、外业（样地）调查、建立解译标志、核查与修改四个步骤。解译目标建立的精度应该满足林业调查的相关规范要求。

目前，林业生产中主要采用人机对话屏幕目视解译方式。一般步骤为：选择 GIS 平台→打开解译图像→创建图层（点、线、多边形）→目视解译→勾绘地类边界→地类属性表填写。

屏幕目视解译的精度受多种因素的影响，包括解译人的专业背景知识、外业调查的详细程度以及操作 GIS 软件平台的熟悉程度等。

参考文献

关泽群，刘继琳.2007.遥感图像解译[M].武汉：武汉大学出版社.

[美]Thomas M Lillesand, Ralph W. Kiefer.2003.遥感与图像解译[M].4 版.北京：电子工业出版社.

游先祥.2003.遥感原理及在资源环境中的应用[M].北京：中国林业出版社.

仇肇悦，李军，郭宏俊，等.1998.遥感应用技术[M].武汉：武汉测绘科技大学出版社.

梅安新，彭望禄，秦其明，等.2001.遥感导论[M].北京：高等教育出版社.

孙家抦.2003.遥感原理与应用[M].2003.武汉：武汉大学出版社.

第4章 森林分类与区划

4.1 森林分类

4.1.1 森林类型

森林是一种植被类型,以乔木为主,包括灌木、草本植物以及其他生物在内,占有相当大的空间,密集生长,并能显著影响周围环境的生物群落。森林寿命长、构成成分复杂、影响环境作用大,并具有天然更新能力等重要特点。

森林类型是森林群落的分类单位,简称林型,是按照森林群落的内部特性、外部特征及其动态规律所划分的同质森林地段。划分森林类型的目的是为森林调查、造林、经营和规划设计提供科学依据,对不同的类型可以采取不同的营林措施。

由于用途和依据不同,森林分类的方法有多种。

(1) 按森林起源分类

分为天然林 (natural forest) 和人工林 (man-made forest or plantation) 两类。前者指由天然下种、人工促进天然更新或萌生起源的林分;后者指通过植苗(包括植苗、分殖、扦插)、直播(穴播或条播)和飞播(飞播或模拟飞播造林)方式形成的林分。

> 【本章提要】本章主要介绍了森林分类与区划的基本概念、原则、条件及依据。主要包括森林分类经营的意义、生态公益林(地)、商品林(地)的概念、划分林种的依据、森林区划系统、森林区划原则。本章以陕北黄龙山林业局蔡家川林场为例,介绍了基于遥感和GIS技术进行森林区划的方法和步骤。

(2) 按经营目的分类

根据 2003 年国家林业局《森林资源规划设计调查主要技术规定》规定，把森林（林地）划分为生态公益林（地）和商品林（地）两个类别。

我国《森林法》将森林分为五个林种：防护林（protection forest）、用材林（commercial forest or timber forest）、经济林（economic forest or non-wood forest）、薪炭林（fuelwood forest）和特种用途林（special type forest）。

(3) 按树种组成分类

按优势树种所占比例，森林可分为纯林（pure forest）和混交林（mixed forest）。纯林指一个树种（组）蓄积量（未达起测径级时按株数计算）占总蓄积量（株数）的 65% 以上的乔木林地；混交林指任何一个树种（组）蓄积量（未达起测径级时，按株数计算）占总蓄积量（株数）不到 65% 的乔木林地。

(4) 按照分布的大气候区（地理）划分

①温带森林（temperate forest）

②北方森林（northern forest） 包括寒温带针叶林或北方针叶林（boreal forest），针阔混交林（mixed boreal forest）。

③干旱区森林（arid region forest）

④热带森林（tropical forests） 包括热带雨林（tropical rain forest），热带灌丛林（tropical scrub forest），热带潮湿森林（tropical humid forests），热带稀树草原（tropical savanna forest），热带季节林（tropical seasonal forest）。

⑤亚热带森林（subtropical forest）

4.1.2　林种界定

(1) 防护林

泛指以发挥生态防护功能为主要目的的森林、林木和灌木林，分为水源涵养林、水土保持林、防风固沙林、农田牧场防护林、护岸林、护路林、其他防护林等。

①水源涵养林　以涵养水源，改善水文状况，调节区域水分循环，防止河流、湖泊、水库淤塞，以及保护饮用水水源为主要目的的森林、林木和灌木林。

②水土保持林　以减缓地表径流、减少冲刷、防止水土流失、保持和恢复土地肥力为主要目的的森林和灌木林。

③防风固沙林　以降低风速，防止风蚀，固定沙地，保护农田、果园、经济作物、牧场免受风沙侵袭为主要目的的森林和灌木林。

④农田牧场防护林　以改善自然环境，保障农、牧业生产条件为主要目的的森林和灌木林。

⑤护岸林　以防止河岸冲刷崩塌、固定河床为主要目的的森林和灌木林。

⑥护路林　以保护铁路、公路免受风、沙、水、雪侵害为主要目的的森林和灌木林。

⑦其他防护林　指上述以外的防护林，如房前屋后的"四旁树"等。

(2) 特种用途林

指以保存特种资源、保护生态环境、建设国防、开发森林旅游、开展科学实验等为主要经营目的的森林和灌木林，主要有国防林、实验林、母树林、环境保护林、风景林、名胜古迹和革命纪念地的林木、自然保护区的森林。

①国防林　以掩护军事设施和用作军事屏障为主要目的的森林和灌木林。

②实验林　以提供教学或科学实验场所为主要目的的森林和灌木林。

③母树林　以培育优良种子为主要目的的森林。

④环境保护林　以净化空气、防止污染、降低噪音、改善环境为主要目的的森林和灌木林。

⑤风景林　以满足人们日益增长的回归大自然的需要，游览自然风景，探索和感受大自然奥秘，调节身心健康为主要目的的森林和灌木林，也包含森林公园中的森林。

⑥名胜古迹和革命纪念地的林木　名胜古迹存留的古树和历史名人栽植的林木，以及革命纪念地的林木。

⑦自然保护区林　以保护生物多样性及植物生态群落为主要目的的森林，以及保存和重建人为或历史景观为主要目的的森林和灌木林。

(3) 用材林

指以生产木材(含竹材)为主要经营目的的森林，分为一般用材林和专用用材林两种。

①一般用材林　指培育大径材通用材种(主要是锯材)为主的森林。

②专用用材林　指专门培育某一材种的用材林，包括坑木林、纤维造纸林和胶合板材林等。

(4) 薪炭林

薪炭林是指以生产热能燃料为主要经营目的的森林和灌木林。

(5) 经济林

经济林是指以生产油料、干鲜果品、工业原料、药材及其他副产品为主要经营目的的森林和灌木林。可分为油料林、特种经济林、果树林及其他经济林等。

①油料林　以生产工业和食用油为主要目的的森林和灌木林。

②特种经济林　以生产工业原料(如树脂、橡胶、木栓、单宁等)和药材为主要目的的的森林和灌木林。

③果树林　以生产各种干鲜果品为主要目的的森林和灌木林。

④其他经济林　以生产其他副、特产品为主要目的的森林和灌木林。

4.2　森林区划

4.2.1　林业区划

所谓区划，就是分区划片，是区域划分的简称。具体来说，区划是对地域差异性和相同性的综合分类，它是揭示某种现象在区域内共同性和区域间差异性的手段。这种划分的地域范围(或称地理单元)，其内部条件、特征具有相似性，并有密切的区域内在联系性，各区域都有自己的特征，具有一定的独立性。因此，区划是反映客观现实的一种科学手段。

区划的种类：常见的区划有行政区划、自然区划和经济区划三大类。

(1) 行政区划

为便于进行行政管理而分级划分的区域。如省（自治区、直辖市）—地区（市、盟、州）—县（市、区、旗）、乡、镇。其中地区专员公署是省（自治区）政府派出机构，只有行政管理职能，不设权力机构，而少数民族地区的盟和州都设有权力机构。根据国家管理需要，行政区划是可以变动的。大行政区如省、市、县变化较小，变化较大的是乡的行政管理机构和区域范围。其变动的原因是为满足政治、经济、民族、国防的特殊需要。随着社会主义建设深入发展，行政区划变动受经济因素的影响越来越大。

(2) 自然区划

自然区划是按照自然因子的差异性划分若干的自然区域。按多种因子划分的叫综合自然区划；按单项自然因子划分的叫部门自然区划，如按气候、地貌、土壤、植被、水分等区划。自然区划是按大自然各因子划分的自然区域，是自然的、客观的，一旦区划则在相当长的时期内是不会变化的。

(3) 经济区划

经济区划是根据客观存在并各具特色的经济现象所划分的区域。它是社会劳动地域分工的一种形式，是以一定经济结构、中心城市为核心的紧密联系的地域经济（生产）综合体。经济区划有综合经济区划和部门经济区划两类。综合经济区划类似国民经济区划，包括工业、农业、交通运输业等方面的区划。部门经济区划可分为工业区划、综合农业区划、交通运输区划、商业网区划等。综合农业区划还可细分为畜牧业区划、作物区划等。

4.2.2 林业区别

4.2.2.1 林业区划的概念

林业区划是根据林业特点，在研究有关自然、经济和技术条件的基础上，分析、评价林业生产的特点与潜力，按照地域分异的规律进行分区划片，进而研究其区域的特点、生产条件以及优势和存在的问题，提出其发展方向、生产布局和实施的主要措施与途径，以便因地制宜，扬长避短，发挥区域优势，为林业建设的发展和制定长远规划等提供基本依据。简言之，林业区划即以全国或省（自治区、直辖市）、县（旗）为总体，在区域之间，区分差异性，归纳相似性，进行地理分区，使之成为各具特点的"林区"。

4.2.2.2 林业区划的意义与作用

林业生产具有很强的地域性，因地制宜是指导林业生产的一个重要原则。我国幅员辽阔，自然条件、自然资源、社会经济状况以及技术条件等，在不同地区之间千差万别。这些差异，不仅在全国，而且在一个省、一个县之内也明显存在，但在一定范围内又有共同性。这些差异性与共同性是有地理分布规律的。研究林业生产条件的地域分区划片，进行各级林业区划，对合理开发利用自然资源，科学指导林业生产，加速实现林业现代化，具有重要的意义。

由此可见，林业区划是组织林业建设的一项必不可少的基础工作，也是揭示地域差异规律的一种重要手段。因此，做好这项工作，对实现我国林业现代化将起到以下作用：

①有助于领导部门因地因需制宜，分类指导，正确组织生产，部署任务，避免工作上的盲目性。

②便于全面贯彻林业方针政策，扬长避短，发挥优势，改造不利条件，挖掘生产潜力，加速林业建设的发展。

③可为科学制定林业发展规划，实现领导科学化和决策科学化，充分利用林业资源，发展商品生产打下有利基础。

④提出分区发展方针和科学布局，为林业生产区域化、专业化和现代化创造条件。

⑤林业区划可为合理进行森林区划提供指导和依据。

4.2.3 森林区划

4.2.3.1 森林区划的概念

森林区划是森林资源经营管理工作的重要内容之一。合理的森林区划，将为森林资源的可持续发展打下基础，在安排空间秩序时，首先考虑的问题就是森林区划。森林区划是针对调查规划、行政管理、资源经营管理以及组织林业生产措施的需要而进行的。

森林区划是对整个林区进行地域上的划分，将林区在地域上区划为若干个不同的单位，以便于合理经营。它也是调查规划的基础工作，合理的区划对森林资源调查经营管理具有重要的意义。

森林区划又称林地区划，主要目的是：

①便于调查、统计和分析森林资源的数量和质量。

②便于组织各种经营单位。

③便于长期的森林经营利用活动，提高森林经营水平。

④便于进行各种技术、经济核算工作。

4.2.3.2 森林区划系统

目前，在我国林区中，森林区划系统如下：

(1) 国有林业局区划系统

林业局—林场—营林区(作业区、工区)—林班；

或林业局—林场—林班

(2) 国有林场区划系统

总场(林场)—营林区(作业区、工区)—林班；

或总场(林场)—分场—营林区(作业区、工区)—林班。

(3) 集体林区区划系统

县—乡(镇、场)—行政村(营林区)—村民小组(林班)。

经营区划界线应同行政区划界线保持一致。对过去已区划的界线，应相对固定，无特殊情况不宜更改。

4.2.3.3 区划原则

(1) 林班区划原则

林班区划原则上采用自然区划，其林班界尽可能利用山脊、沟谷、河流、道路等明显地形地貌，而地形平坦或地物点不明显的地区，根据林地的经营现状和目的采用人工区划。林班面积一般为 200 hm^2 左右。森林经营目的比较单一的地方，如自然保护区、森林公园、天然林资源重点保护工程区等，林班面积可适当加大，但不宜超过 500 hm^2。对过去已经区划的界线，原则上不作改变。

(2) 小班划分原则

小班是森林资源规划设计、调查统计和经营管理的基本单位，小班划分应尽量以明显地形地物界线为界，同时兼顾资源调查和经营管理，需要考虑下列基本条件：

①权属不同；
②森林类别及林种不同；
③生态公益林的事权与保护等级不同；
④林业工程类别不同；
⑤地类不同；
⑥起源不同；
⑦优势树种(组)不同；
⑧龄组不同；
⑨郁闭度等级不同，灌木林覆盖度等级不同；
⑩立地类型不同。

森林资源复查时，应尽量沿用原有的小班界线。但对上期划分不合理，因经营活动等原因造成界线发生变化的小班，或不能提供上次调查成果图面材料，可根据小班划分条件重新区划。

小班区划的最小和最大面积应依据林种、绘制基本图所用的地形图、遥感图像图比例尺以及经营集约度而定。

小班界线，应尽量利用明显的地形、地物等自然界线作为划分依据，使小班位置固定下来，图面和空间位置相一致，作为林地籍小班统一编码管理的依据。

4.2.3.4 区划方法

目前基于遥感数据的小班区划方法有两种，即是人机交互目视解译(也称屏幕解译)区划和纸介质遥感图像目视解译区划。

(1) 屏幕解译区划

以 GIS 或遥感软件为平台，调入已处理好的遥感数字图像，在计算机屏幕上要根据前之所述的遥感图像解译标志进行小班区划，并标注小班属性和线形地物代码，同时在计算机上填写小班解译因子登记表。此方法可区划精细对图像无级放大，但对技术人员的要求较高，必须有一定的计算机以及 GIS 和遥感软件应用基础。

(2)纸介质目视解译区划

此方法为传统做法,适应面较广,但图像比例尺固定,地物地类识别区划性差,应在当地技术人员的配合下开展区划工作。

①工作底图　经过地理坐标配准(相对高差较大者必须完成正射纠正)的1∶10 000或1∶25 000遥感图像作为工作底图。

②区划步骤

第一,按图像裁剪相同大小的聚酯薄膜,然后将其蒙在图像上并固定好,用直尺标注四个角的内图框线,在图内均匀选取四个千米格网交叉点作为控制点,并记载其纵横坐标值。

第二,将聚酯薄膜蒙在地形图上,选择不同的线形图示,用碳素笔描绘行政区划界线。对于已区划过林班线的单位,同时转绘林班线。转绘误差不超过0.5 mm。

第三,熟悉图像特征,准确掌握目视判读标志,将聚酯薄膜蒙在图像上,按照区划原则,进行林班、小班判读区划。

4.2.3.5　复核与验证

目视解译采取一人区划、解译,另一人复核解译方式进行,即二人在"背靠背"作业前提下分别解译并填写结果。当两名解译人员的结果一致率达到90%以上时,应对不一致的小班通过商议达成一致意见,否则应到现地核实。当两解译人员的结果一致率达不到90%时,应分别重新解译。对于室内解译有疑问的小班必须全部到现地核实。

当室内解译工作经检查合格后,采用典型抽样方法选择部分小班进行实地验证。实地验证的小班数不少于全县小班数的3%~5%(但抽检小班总数不低于50个),并按照地类和森林类型的面积比例分配,其中主要土地类型抽检查小班数不得小于10个。在每个类型内,要按照小班面积大小比例不等概选取。森林资源二类调查各项因子的正判率应符合以下标准(表4-1)。

表4-1　正判率指标表

林地	正判率	疏林	正判率	农林	正判率
有林地	95%	灌木林	90%	水域	95%
针叶林	95%	未成造林	80%	未利用地	90%
阔叶林	90%	无立木林地	80%	其他用地	90%
混交林	90%	宜林地	80%	树种组	80%
竹林	80%	苗圃地	85%	龄组	80%
经济林	90%	非林地	95%	郁闭度	85%

4.3　森林区划实例

本节以陕西省黄龙县蔡家川林场为例(以下简称蔡家川林场),具体介绍森林区划的工作程序和方法。

4.3.1 准备工作

(1) 资料搜集

主要搜集蔡家川林场历史资料，包括林相图、森林分布图、地形图、调查报告及森林资源统计报表等。

(2) 遥感数据订购

研究区域1997年8月25日、2004年6月25日的TM图像数据；空间分辨率为30m。

(3) 操作软件平台安装

遥感数字图像处理软件：ENVI4.8；区划软件：ArcGIS9.3。

4.3.2 遥感图像预处理

图像预处理的内容主要包括图像几何校正和图像增强。图像几何校正的目的是改正原始图像的几何变形，生成一幅符合某种地图投影或图形表达要求的新的图像，其主要工作流程如图4-1所示（具体操作参阅图像处理章节）。

图像增强的目的是突出遥感数据的某些特征，以提高图像的目视质量。包括彩色增强、反差增强、边缘增强、密度分割、比值运算、去模糊等。图像预处理结果如图4-2、图4-3所示。

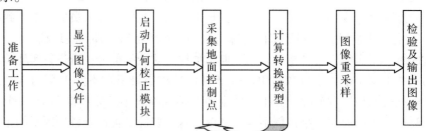

图4-1 遥感数字图像几何校正的工作流程

图4-2 黄龙县蔡家川卫星图像

图4-3 PCA增强处理后结果

4.3.3 森林资源地类划分

根据遥感信息源的空间分辨率和黄龙山林业局森林资源特点，以及国家林业局2003

年颁布的《森林资源调查主要技术规定》(附件)中的技术标准要求,制定本森林区划实例的林地分类系统。

表 4-2 基于遥感的黄龙山林区地类分类系统

编号	一级分类名称	二级分类名称	三级分类名称
1		有林地	油松林地
2			针阔混交
3			硬阔
4			软阔
5	林地	疏林地	
6		灌木林地	
7		未成林造林地	
8		苗圃地	
9		无立木林地	采伐迹地
10		宜林地	
11		辅助生产林地	
12	非林地	农田	
13		荒地	

4.3.4 建立图像解译标志

(1) 外业调查路线的选择

根据所掌握的调查区域地形图及遥感图像等资料,选择一条典型外业调查路线,调查路线所过的地方应涉及调查区内所有森林类型,且交通方便,便于开展外业测定工作(图 4-4)。

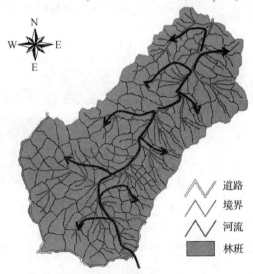

图 4-4 蔡家川林场遥感图像解译标志外业调查路线示意

(注:图中箭头表示外业调查路线)

(2) 建立解译标志

经过外业考察, 建立的遥感图像解译标志见表 4-3。

表 4-3 蔡家川林场外业调查遥感图像解译标志

序号	地类	颜色	形状及分布	图像图示
1		墨绿色	片状，主要分布于东北部	
2	油松林地	绿色	片状，主要分布于东北部	
3		绿色	片状，主要分布于东北部	
4	硬阔	深红色	主要分布于西南部	
5	软阔	鲜红色	主要分布于西南部	
6				
7	疏林、灌丛	褐色、黄色	分布较小	
8	采伐迹地	白色、蓝色	片状	
9	针阔	绿色、红色	均匀点状分布	
10	农田	蓝色	主要分布于川道	
11	荒地	白色	多位于川道，与农田交错分布	
12	宜林地			
13	苗圃地			

4.3.5 基于 GIS 森林类型区划

4.3.5.1 建立区划工程文件

准备好已经完成预处理工作的遥感数字图像, 启动 ArcMap(图 4-5、图 4-6)。

图 4-5 ArcMap 界面

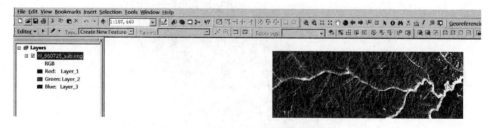

图 4-6 添加遥感数字图像

按下列步骤添加遥感数字图像:

①打开 File \ add data 直接按 ✦ (图 4-6); 启动 ArcCatalog 程序, 建立森林区划点、线、多边形矢量文件。

②进入指定文件夹(最好和遥感数据文件夹相同)。

③在文件夹空白处按右键分别命名, 选择点(point)、线(ployline)、多边形(ploygon),并添加投影(地理)坐标系(遥感数据投影信息相同,如图 4-7 所示)。

注意:在删除 shapefile 文件时一定要在 ArcCatalog 里的 contents 里面进行。Shapefile 文件包含了 4 个格式文件:shp、shx、dbf(数据库)、prj(坐标系统格式)。

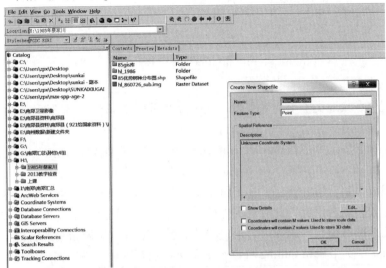

图 4-7 在 ArcCatalog 中创建点、线、多边形文件对话框

④将上述建立的点、线、多边形文件(如注记层、道路、林场界、小班)添加到 Arc-Map 图层目录中(直接选择相关文件名,然后按左键拖到目录即可)。然后,保存工程文件,如图 4-8 所示。

图 4-8 向 ArcMap 中添加点、线、多边形文件结果

4.3.5.2 地类解译与勾绘

地类解译主要依据是森林调查地类型分类系统,图形勾绘操作工具主要在 ArcMap 下的 Editor 工具栏(图 4-9),打开方法:在 ArcMap 主菜单空白区按鼠标右键,然后选择 Editor。启动 Editor 时,按右边的小黑箭头,在 Editor 下拉菜单中执行 Start Editing 命令,选择要编辑的图层,如林场界、注记、小班、道路等。

图 4-9 Editor 操作界面

(1) 点状地类

森林区划中点状地类主要为高程点、注记以及重要特征点。在 ArcMap 中添加的操作步骤如下：

①在 Editor 下拉菜单中执行 start editing 命令，选择要编辑的图层——居民地，确认 Editor 工具栏中，Task→Create New Feature（新建要素），Target——居民地。

②将地图放大到合适的比例，在 Editor 中选择 sketch tool 工具，在遥感图像中找到居民地所在位置，点击鼠标，此时居民地位置符号就可能放至图上。如有需要，在图层目录中选择居民地按右键打开属性表，通过修改属性表字段，添加居民地名称（如蔡家川）。

③在 Editor 中选中 save editing 将修改结果保存到要素类——居民地中。

④完成编辑后，Editor 中选中 stop editing 停止编辑。

⑤双击居民地图层可以修改其符号类型、颜色、大小等（图 4-10）。

图 4-10 居民地图例编辑结果

(2) 线状地类

森林区划中线状地类主要为道路、河流等。在 ArcMap 中添加的操作步骤如下：

①在 Editor 下拉菜单中执行 start editing 命令，选择要编辑的图层——道路，确认 Editor 工具栏中，Task→Create New Feature（新建要素），Target——道路。

②将地图放大到合适的比例，在 Editor 中选择 sketch tool 工具，在遥感图像中找到道路所在位置，点击鼠标左键，沿道路采集拐点，直至勾绘完成整个道路，此时道路的符号显示在图面上。如有需要，在图层目录中选择道路并按右键打开属性表，通过增加新字段，添加道路名称。

③在 Editor 中选择 save editing 将修改结果保存到要素类——道路。

④完成编辑后，Editor 中选择 stop editing 停止编辑。

⑤双击道路图层可以修改其符号类型、颜色、大小等（图 4-11）。

图 4-11　道路地图例编辑结果

（3）多边形地类

多边形地类，也称为面状地类。森林区划中小班、林班、林场等都可看成是此种多边形地类型。在 ArcMap 中形成的操作步骤如下：

①在 Editor 下拉菜单中执行 start editing 命令，选择要编辑的图层——小班界，确认 Editor 工具栏中，Task→Create New Feature（新建要素），Target——小班界。

②将地图放大到合适的比例，在 Editor 中选中 sketch tool 工具，在遥感图像中首先解译（判读）出不同的林地类型，并找到其边界位置，然后点击鼠标左键，勾绘出小班界线。为了保证小班界线闭合，在勾绘时于节点处让其交叉。

③在 Editor 中选中 save editing 将修改结果保存到要素类——小班。

④打开 topology 编辑器（按右键选择）。

⑤将 task 选择 auto-complete ploygon，target 选择小班。

⑥使用 topology 下的 map topology（第一个按钮），选择要进行拓扑的线要素数据源——小班界。

⑦用 Editor 中的选择键全选小班界。

⑧按 topology 下的 construct features（第二个按钮），根据英文提示选择不同的功能（如第一个），点击 OK。

⑨完成编辑后，Editor 中选中 stop editing 停止编辑。

⑩双击小班图层可以修改其图例属性如颜色、图案等（图 4-12）。

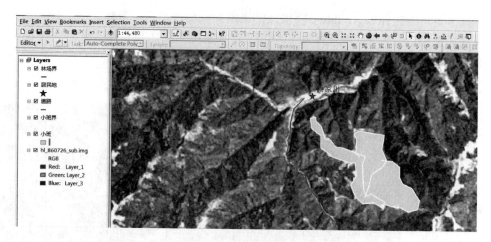

图 4-12　小班图例编辑结果

4.3.5.3　小班属性输入

小班拓扑建立完成以后,需要输入小班调查属内容,其内容包括森林资源调查规程规定的主要内容(图 4-13)。在实际工作中,可以采用边解译勾图边输入小班属性的方法。其主要步骤如下:

首先选择小班图层,按右键,打开属性表(Attributes of 小班),按照森林调查的相关技术规程给小班编码。接着依据森林调查技术规程的规定和我国数字林业相关标准,建立小班数据库结构。

①在属性表(Attributes of 小班)中找 options→Add Field(增加字段)。

②输入字段名、数据类型和精度。

图 4-13　创建小班属性表、添加字段界面

③完成小班数据库结构设计以后,输入小班解译(判读)和外业调查的有关数据。图 4-14 为蔡家川林场小班区划图形及属性数据表。

4.3 森林区划实例

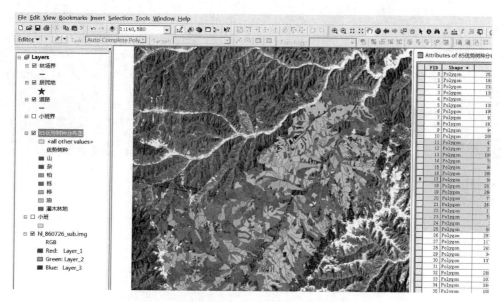

图 4-14 蔡家川林场小班区划图形及属性数据表

4.3.6 区划结果实地验证

当室内解译区划工作经检查合格后，采用典型抽样方法选择 5% 的小班，实地验证小班区划是否合理，土地种类及林分因子是否准确。在实地验证过程中，对室内难以区划解译的小班进行实地调查。

本章小结

本章主要介绍了森林分类的与区划的基本概念、原则、条件及依据。并以陕西省黄龙县蔡家川林场为例，介绍了基于遥感和 GIS 技术进行森林区划的方法和步骤。主要内容包括：

准备工作：资料搜集、遥感数据订购、操作软件平台安装。

遥感图像预处理流程：显示图像文件、几何校正、采集地面控制点、校正模型计算、图像重采样、输出图像。

森林地类划分：依据国家林业局 2003 年颁布的《森林资源调查主要技术规定》。

图像解译标志建立：设计外业调查路线、建立图像解译标志表。

基于 ArcGIS 的森林类型区划步骤：建立区划工程文件、地类解译与勾绘以及小班属性输入。

参考文献

亢新刚. 2002. 森林资源经营管理[M]. 北京：中国林业出版社.
李凤日. 2004. 森林资源经营管理[M]. 沈阳：辽宁大学出版社.
吴秀芹，张洪岩，李瑞改，等 2007. ArcGIS9.0 地理信息系统应用与实践[M]. 北京：清华大学出版社.
林辉，刘泰龙，李际平. 2002. 遥感技术基础教程[M]. 长沙：中南大学出版社.
曾雅娟，陈蜀江，胡先林. 2007. GIS 在森林资源分类经营区划中的应用[OL]. 中国科技论文在线，http：//www.paper.edu.cn.

第 5 章 土地利用现状调查

5.1 土地利用现状分类

5.1.1 土地分类体系

由于土地所处环境和地域的不同,它们在形态、色泽和肥力等方面千差万别,加之人类生活、生产对土地的需求和施加的影响,导致了土地生产能力和利用方式上的差异。土地分类是指按一定的分类标志(指标),将土地划分出若干类型。按照统一规定的原则和分类标志,将分类的土地有规律、分层次地排列组合在一起,即为土地分类体系(或土地分类系统)。

土地不仅具有自然特性,还具有社会经济特性。根据土地的特性及人们对土地利用的目的和要求不同,形成了不同的土地分类体系。我国运用较多的土地分类体系,归纳起来,大致有以下 3 种:

(1)土地自然分类体系

土地自然分类体系又称土地类型分类体系。它主要依据土地自然特性的差异性进行分类,可以依据土地的某一自然特性或土地的自然综合特性分类。例如,按土地的地貌特征分类,可将土地分为平原、丘陵、山地及高山地。还可按土壤、植被等进行土地分类。例如,全国 1∶1 000 000 土地资源图上的分类就是按土地的自然综合特征进行分类的。

> **【本章提要】** 土地利用现状调查是指以一定行政区域或自然区域或流域为单位,查清区内各种土地利用类型面积、分布和利用状况,并自下而上、逐级汇总为省级、全国的土地总面积及土地利用分类面积而进行的调查。在此基础上,进行土地利用现状分析,即对规划区域内现实土地资源的特点,土地利用结构与布局、利用程度、利用效果及存在的问题做出分析。这是各种土地利用规划(如农业规划、林业规划等)的基础,只有深入分析土地利用现状,才能发现问题,做出合乎当地实际的规划。因此,在编制土地利用规划时,必须对土地利用现状作深入调查,分析土地利用现状资料,找出土地利用存在的问题,为土地利用总体规划提供重要依据。

(2) 土地评价分类体系

土地评价分类体系又称土地生产潜力分类体系。它主要依据土地的经济特性，如土地的生产力水平、土地质量、土地生产潜力等进行分类。土地评价分类体系是划分土地评价等级的基础，是确定基准地价的重要依据，主要用于生产管理方面。

(3) 土地利用分类体系

土地利用分类体系主要依据土地的综合特性（包括土地的自然特性和社会经济特性）进行分类。土地综合特性的差异性，导致了人类在长期利用、改造土地的过程中所形成的土地利用方式、土地利用结构、土地的用途和生产利用方面的差异。土地利用现状分类就是属于其中的一种分类形式。土地利用分类系统具有生产实用性，利用它可以分析土地利用现状，预测土地利用方向。

5.1.2 土地利用现状分类

5.1.2.1 土地利用现状分类原则

为使土地利用现状分类科学、合理，易于掌握，并利于土地的合理利用和科学管理，人们在进行土地利用现状分类时，必须遵循下列原则：

(1) 统一性

为适应土地管理的需要，1984年制定的《土地利用现状调查技术规程》将土地利用现状分为8大类，46个二级类。1989年为适应城镇地籍管理的需要，将城镇土地分为10个一级类，24个二级类。2002年以后采用《全国土地分类（试行）》标准，对土地利用现状分类及含义作了明确规定，全国统一定为3个一级地类，15个二级地类，71个三级地类，分类和编码均不得随意更改、增删、合并，以保证全国土地的统一管理和调查成果的汇总统计及应用。2007年又制定了新的《土地利用现状分类》(GB/T 21010—2007)。

(2) 科学性

全国土地利用现状分类体系，主要以调查时的实际用途为分类标志，归纳共同性，区分差异性，采用从大到小、从综合到单一的逐级细分法——多层续分法。

①按土地利用的综合性差异划分大类，然后按单一性差异逐级细分。如按土地用途管制分为农用地、建设用地和未利用土地三大类，然后根据土地的用途分为15个二级类，再根据利用方式、经营特点及覆盖特征等细分成71个三级类。

②同一级的类型要坚持统一的分类标准。

③分类层次要鲜明，从属关系要明确。

④同一种地类，只能在一个大类中出现，不能同时在两个大类中并存。

(3) 实用性

为便于实际运用，土地分类标志应易于掌握，分类含义力求准确，层次尽量减少，命名讲究科学并照顾习惯称谓，并尽可能与计划、统计及有关生产部门使用的分类名称及含义协调一致，以利于为多部门服务。因此，在《全国土地分类（试行）》中，一级分类主要依据土地用途管制的要求，二级分类主要依据土地的实际用途，三级分类则侧重土地的利用方式、经营特点及覆盖特征等。

5.1.2.2 土地利用现状分类

土地利用现状分类是依据土地的用途、经营特点、利用方式及覆盖特征等因素对土地进行的一种分类。土地利用现状分类只反映土地利用的现状。2007年8月5日,《土地利用现状分类》国家标准开始颁布执行,第二次全国土地调查将直接采用《土地利用现状分类》国家标准。《土地利用现状分类》国家标准采用一级、二级两个层次的分类体系,共分12个一级类、56个二级类。其中一级类包括耕地、园地、林地、草地、商服用地、工矿仓储用地、住宅用地、公共管理与公共服务用地、特殊用地、交通运输用地、水域及水利设施用地、其他土地(见附录1)。

5.2 土地利用现状调查

土地利用现状调查是指为查清现状用地的数量及其分布而进行的土地资源调查。土地利用现状调查分概查和详查两种。概查是为满足国家编制国民经济长远规划、制定农业区划和农业生产规划的急需而进行的土地利用现状调查。详查是为国家计划部门、统计部门提供各类土地详细、准确的数据,为土地管理部门提供基础资料而进行的调查。

5.2.1 调查的目的与内容

5.2.1.1 调查的目的

(1) 为制订国民经济计划和有关政策服务

国民经济各部门的发展都离不开土地。土地利用现状调查获得的土地资料可为编制国民经济和社会发展长远规划、中期计划和年度计划提供切实可靠的科学依据,同时,它还可为国家制定各项政策方针及对重大土地问题的决策提供服务。

(2) 为农业生产提供科学依据

农业是国民经济的基础,土地是农业的基本生产资料。因此,土地利用现状调查可为编制农业区划、土地利用总体规划和农业生产规划提供土地基础数据,并为制订农业生产计划和农田基本建设等服务。

(3) 为土地登记和土地统计制度服务

通过土地利用现状调查,查清各类土地的权属、界线、面积等,为土地登记提供证明材料,为土地统计提供基础数据,为建立土地登记和土地统计制度服务。

(4) 为全面管理土地服务

为地籍管理、土地利用管理、土地权属管理、建设用地管理和土地监察等提供基础资料。

5.2.2 调查的内容

根据土地利用现状调查的目的,其调查内容可归纳如下:

①查清村和农、林、牧、渔场以及居民点的厂矿、机关、团体、学校等企事业单位的土地权属界线,查清村及以上各级行政辖区范围界线。

②查清土地利用类型及分布，量算地类面积。
③按土地权属单位及行政辖区范围汇总面积和各地类面积。
④编制分幅土地权属界线图和县、乡两级土地利用现状图。
⑤调查、总结土地权属及土地利用的经验和教训，提出合理利用土地的建议。

5.2.3 调查的原则

为保质保量地完成调查任务，调查时必须遵守下列原则。

(1) 实事求是

真实反映土地利用现状，达到数据、图件与实地相一致。

(2) 全面调查

土地利用现状调查必须严格按土地利用现状调查技术规程的规定和精度要求进行，并实施严格的检查、验收制度。事实证明，各种类型土地都有相对的资源价值，全面调查有益于人们拓宽视野，把所有的土地资源都视为人们努力开发利用的对象。从调查工作的组织管理来看，全面调查既经济又科学。

(3) 一查多用

所谓一查多用，就是要充分发挥土地利用现状调查成果的作用，不仅为土地管理部门提供基础资料，而且为农业、林业、水利、城建、统计、计划、交通运输、民政、工业、能源、财政、税务、环保等部门提供基础资料。

(4) 方法科学

在调查中要尽量采用最新的科学技术和方法。土地利用现状调查中选用的技术手段，应当贯彻在保证精度的前提下，兼顾技术先进性和经济合理性原则。为保证和提高精度，应逐步把现代化技术手段，如数字测量技术、全球定位系统(GPS)、遥感技术(RS)、地理信息系统(GIS)等运用到土地利用现状调查中。

土地利用现状调查必须以测绘图件为量测的基础。测绘图件的形成依靠严密的数学基础和规范化的测绘技术，因而测绘图件能精确、有效地反映土地资源、土地权属和行政管辖界线的空间分布；运用测绘图件进行调查的另一优越性在于土地面积的测量有统一的基准，即土地面积的量测在统一的地球参考面上进行，不同地点的土地面积可以相互比较；再者，图上量测可以转化大量野外工作为室内工作，减少了工作量和工作难度。

(5) 以改进土地利用，加强土地管理为基本宗旨

科学地管理好土地，合理利用土地是土地管理的基本出发点。土地利用现状资料是科学管理和合理利用土地的必要基础资料。

(6) 以"地块"为单位进行调查

在土地所有权宗地内，以土地利用分类标准为依据划分出的一块地，称作土地利用分类地块(简称地块)，又称图斑。地块是土地利用调查的基本土地单元，对每一块土地的利用类型都要调查清楚。

5.2.4 调查的程序

土地利用现状调查工作是一项庞杂的系统工程，为确保成果资料符合技术规程的要求，必须遵照相关技术规程，按照土地利用现状调查工作的特点和规律，有条不紊地开展工作。其工作程序如图5-1所示。

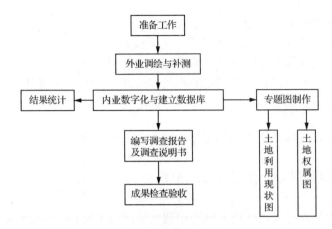

图 5-1 土地利用现状调查工作程序

5.2.5 准备工作

5.2.5.1 调查申请

具备了调查条件的县(市),由县级土地管理部门编写《土地利用现状调查任务申请书》或《土地利用现状调查和登记、统计任务申请书》(简称《申请书》)。其主要内容包括:辖区基本情况;所需图件资料;组织机构及技术力量情况;调查计划及经费预算等。《申请书》要经县级人民政府同意,然后报上级土地管理部门审批,经批准后立即着手组织机构及技术力量、图件资料和仪器设备等各项准备工作。

5.2.5.2 组织机构及技术力量准备

包括建立领导机构、组织专业队伍、建立工作责任制等。土地利用现状调查由当地政府组织实施,成立专门的领导机构,负责组织专业技术队伍、筹集经费、审定工作计划、协调部门关系、裁定土地权属等重大问题。同时,为确保土地利用现状调查的质量及进度,还应组建一支以土地管理技术人员为主,由水利、农业、发改委、住建、统计、民政、林业、交通等部门抽调的技术人员组成专业队伍。专业队设队长、技术负责人、技术指导组、若干作业组、面积量算统计组、图件编绘组等。为增强调查人员责任感,还应建立各种责任制,如技术承包责任制、阶段检查验收制、资料保管责任制等。

各级组织机构都要有负责人,并且要做到职责明确,分工有序,使地籍调查工作的质量有制度上的保证。

5.2.5.3 资料准备

包括收集、整理、分析各种图件资料、权属证明文件以及社会经济统计资料。权属证明文件的收集包括征用土地文件、用地单位的权源证明、清理违法占地的处理文件等。

为了便于划分土地类型和分析土地利用状况,应向各有关部门收集专业调查资料,如行政区划图、地貌、地质、土壤、水资源、森林资源、气象、交通、人口、劳力、耕地、产量、产值、收益、分配等方面的统计资料，以及土地利用经验和教训等。

从准备工作到外业调绘和内业转绘，土地利用现状调查都是为了获得真实反映土地利用现状的工作底图，即基础测绘图件。常见的基础测绘图件有以下几种类型：

①航空相片　应收集最新的航片及其相关信息，如航摄日期、航片比例尺、航高、航摄倾角、航摄仪焦距等数据资料。利用最新航片进行外业调绘，其优点是能充分利用航片信息量丰富、现势性强的特点，技术较易掌握，外业调绘基本不需仪器，既能减少调查经费，又能保证精度。

②地形图　需购置两套近期地形图，一套用于外业调查，另一套用于室内编制工作底图。如果地形图成图时间长，地物地貌会发生变化，必须进行外业补测工作。

③卫星图像　目前有许多高分辨率的遥感卫星，如 QuickBird，Worldview，Rapidey 等，这些遥感卫星提供的卫星图像经过正射纠正，然后在图面上增加必要的符号、线划和注记就能制作成正射图像地图（DOM）。它具有信息量大、分辨率高、色彩丰富、直观等优点，大量室外判读可转到室内进行，既可减少外业工作量，又能保证精度。

5.2.5.4　仪器设备准备

调查前要准备好调查必需的仪器、工具和设备，包括配备必要的测绘仪器、转绘仪器、面积量算仪器、绘图工具、计算工具、聚酯薄膜等；印制各种调查手簿、表格；准备必要的生活、交通和劳动用品等。

5.2.6　外业工作

土地利用现状调查外业工作简称外业调绘，包括行政界线和土地权属界线调绘、地类调绘和线状地物调绘及其地物地貌的修补测等。通过外业调绘将地类界线、权属界线、行政界线、地物和线状地物等调绘到航片上，并进行清绘、整饰，检查验收合格后成为内业工作的底图。外业调绘是指在研究航片或 DOM 卫星图像与地物、地貌内在联系的基础上进行的判读、调查和绘注工作。外业工作的准确程度对调查成果的质量起着决定作用，对今后的土地管理工作也有着深远影响。因此，外业调绘应尽量采用先进的科学技术和高质量的测绘基础图件，严格执行相关的规范和规程。

外业工作的程序包括准备工作、室内预判、外业调绘、外业补测、航片的整饰与接边、卫星图像的正射纠正与 DOM 制用等内容。调绘前的准备工作和室内预判是为了减少野外工作量，为野外调绘和补测作准备。调绘、补测是外业工作的核心，是对权属界线及各种地物要素进行绘注和修补测等工作。

5.2.6.1　准备工作

外业调绘的准备工作包括同名地物点的选择、调绘面积的划分和预求航片平均比例尺等。所谓同名地物点是指相邻两张航片重叠部分上的相同地物点。调绘面积（亦称作业面积）是指单张航片的作业面积，一般是在与相邻航片的重叠部分内划定。划定的调绘面积线不应切割居民地和其他重要地物，避免与道路、沟渠、管线等线状地物重合。在平坦地区常利用地形图求航片比例尺；在丘陵和山区，因单张航片各部分比例尺变化较大，需分带求出局部的平均比例尺。

为减少外业调绘的工作量,应先邀请熟悉当地情况的人一起进行室内预判。在山区和丘陵地区,一般对照地形图,在立体镜下进行预判。在预判的基础上,制定外业调绘路线。一般结合土地权属界线调查,外圈走"花瓣"形路线,土地所有权宗地内地类界线的调绘取"S"形路线。

5.2.6.2 地类调绘

地类调绘是指在土地所有权宗地内,实地对照基础测绘图件逐一判读、调查、绘注的技术性工作。地类调绘时应注意以下几点:

①认真掌握分类含义,注意区分相接近的地类,如改良草地与人工草地、水浇地与菜地等难以区分的地类;要结合实地询问确定。

②地类界应封闭,并以实线表示,对小于图上1.5mm的弯曲界线可简化合并,地类按规定的图式符号注记在基础测绘图件上。

③土地利用现状图上最小图斑面积的规定:居民地为$4mm^2$,耕地、园地为$6mm^2$,其他地类为$15\ mm^2$。对小于最小图斑面积的分类地块作零星地类处理,实地丈量其面积记入零星地物记载表,待面积量算时再从大图斑中扣除。

④当地类界与线状地物或土地权属界、行政界重合时,可省略不绘。

⑤调绘的地类图斑以地块为单位统一编号。

⑥能清晰判读的地类界线的位移不应超过1mm。

5.2.6.3 线状地物调绘

线状地物包括河流、铁路、公路以及固定的沟、渠、路等。通常规定北方不小于2m、南方不小于1m的线状地物,要进行调绘并实地丈量宽度,丈量精确到0.1m。对宽度变化较大的线状地物,应分段丈量。实量与沟、渠、路、堤等并列的或附近的线状宽度时,要查明线状地物的归属。调绘的线状地物应编号,实量宽度及归属填写在外业调查表中。

线状地物按规定的图例符号注记在基础测绘图件上:不依比例尺符号,要绘在中心;依比例尺符号,实量宽度描绘边界。对并列的小线状地物,在确保主要线状地物的权属和数据准确的前提下适当取舍。

对变化了的地物和地貌要进行野外修补测。当地物、地貌变化范围不大时,采用补测;当其变化范围超过1/3以上时,则需进行重测或重摄。修补测通常在基础测绘图件(工作底图)上进行,外业补测与外业调绘结合同时进行。

经外业调绘和外业补测的航片应及时清绘整饰,经检查验收合格后,才能转入内业工作阶段。

5.2.7 内业工作

土地利用现状调查的内业工作,包括航片转绘和卫片勾绘、在GIS支持下土地利用属性数据库建立、成果整理等。成果整理包括面积的汇总统计、土地利用现状图、权属图的编制及土地利用现状调查报告或说明书的编制等。

5.3 基于 RS 的土地利用现状调查实例

本节以地处黄土高原的陕西省永寿县人工林区为例,利用高分辨率遥感卫星 Quickbird 的数据,运用图像解译和应用现状调查相结合的方式,对该区域的土地利用现状信息进行提取,为下一步土地专题规划(如造林规划设计)提供基础资料。

5.3.1 资料准备

除遥感图像数据外,还需收集调查区 2009 年森林资源二类调查数据。

Quickbird 卫星是由美国 Digital Globe 公司发射的高分辨率商业卫星,其全色波段(PAN)地面(星下点)分辨率为 0.61 m,波长范围 450~900 nm,多光谱波段(MUL)地面(星下点)分辨率为 2.44 m,波长范围蓝波段 450~520 nm,绿波段 520~600nm,红波段 630~690 nm,近红外波段 760~900 nm;重访周期为 1~6 d。在轨道高度(450 km)、成像幅宽(16.5km×16.5km)、成像摆角(0~25°)、量化等级(11bit)等方面具有显著的优势。

本次使用 2012 年 6 月 22 日获取的 Quickbird 1A 级全色(0.6m)和多光谱彩色数据(2.4m),椭球体 WGS 84,UTM 投影,Geotiff 格式。

5.3.2 工具和手段

(1)硬件

①计算机 主频 2.83GHz 以上。内存 2G 以上;硬盘 500G 以上;显卡为独立显卡,内存 1G 以上。

②输出设备 带 Windows 驱动的打印机。

(2)软件

①操作系统 Windows XP/Win7。

②应用软件 ArcGIS10.2,ENVI 4.8 \ 5.0。

5.3.3 实现步骤

5.3.3.1 图像处理

图像处理主要内容为几何校正和图像增强。由于 Quickbird 数据的分辨率很高,常用的 1:10 000 地形图数据不能满足其作为控制点的精度要求。此外,为消除因地形起伏而导致的"视差",必须利用 DEM 对图像进行正射校正。

对于 Quickbird 数据,图像增强可以使用基于像元级的信息融合方法,即 HIS、Brovey 和主成分(PCA)等。具体操作处理利用 ENVI4.8 软件完成(详见第 2 章)。本章节介绍利用 ArcGis 10.2 图像处理模块进行调查区图像预处理的方法和步骤。

5.3.3.2 调查区图像数据准备

本节介绍的调查工作以永寿县天云村马连滩为例,该村面积为 13 km^2。主要步骤如下:

(1) 遥感图像融合

①将多光谱图像分别在 ArcMap 中打开 ◆ ▾ ▭（图 5-2）。

图 5-2　ArcMap 中多光谱遥感图像打开界面

②单击内容列表上 RGB（红绿蓝）3 种波段，出现波段列表，选择显示最好的波段组合（一般选择 432 组合）（图 5-3）。

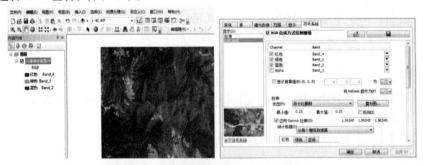

图 5-3　遥感图像波段 432 组合结果

③点击"窗口"→"影像分析"，打开影像分析窗口，对影像进行拉伸操作，使图像显示效果达到最佳，并保存处理结果（图 5-4）。

图 5-4　影像分析窗口

(2) 地形图几何校正

①把马连滩地形图加载到 ArcMap 里面，此时地形图没有坐标系，通过右键"数据框"→数据框属性确定坐标系。在投影坐标系中选择高斯克吕格投影（Gauss_kruger），椭球体为西安 80 椭球体，基准面选择 Xian1980 3 Degree GK Zone 36（图 5-5）。

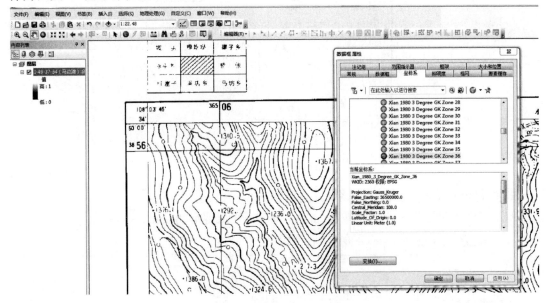

图 5-5　设置投影坐标系统

②将鼠标放在工具栏上的空白区域点右键，添加"地理配准"工具（图 5-6），取消"自动校正"。在地图上选择千米格网交叉点作为控制点，进行地理配准。步骤如下，首先放大地形图确定所选控制点，点击选择 ✈️，然后移动光标至控制点十字，单击鼠标左键确定，再单击鼠标右键，在出现窗口中选择输入点的经纬度（X，Y）坐标（图 5-7）。

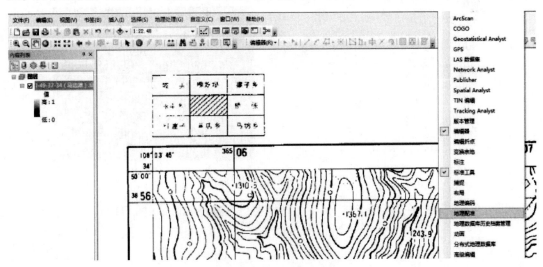

图 5-6　打开地理配准工具

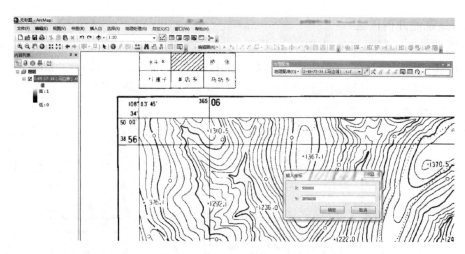

图 5-7　输入坐标值

③将每个有千米标注的经纬网交点进行输入坐标校正；
④选择"地理配准"→"更新地理配准→"校正"完成地形图校正（图 5-8）。

图 5-8　地理配准工具条

(3) 影像校正

在校正完地形图后，就获得包含投影信息的数字地图，（用它将相应区域遥感影像进行）几何校正。

①在 ArcMap 中加载融合后的影像和地形图（图 5-9）。

图 5-9　加载遥感图像窗口

②选择控制点。在"地理配准"，下拉选择要进行校正的影像（图 5-10）。

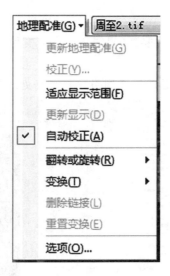

图 5-10　地理配准下拉菜单

点击 ✒ 选择控制点，主要是选择同一地物进行几何校正。常选择水库边、道路交叉口等不变的点。选完影像会进行自动调整。选择点的个数跟多项式次数有关 $N=(n+1)(n+2)/2$。

为保证精度，应尽量在这个区域多选择一些点，并确保点的均匀分布，也可以在操作之前裁剪右下角后再做，速度会更快些。

③选择适当的校正方法，删除误差比较大的点。

④校正(图 5-11)。将校正图像进行导出并保存，以便下次操作，在菜单栏"文件"→"导出地图"选择合适的格式保存。

图 5-11　遥感图像校正结果

(4) 图像裁剪

①在 ArcMap "目录"中新建线要素(界线, *.shp 文件),并加载到"内容列表"中,在遥感影像上勾绘界线,使其闭合。

②ArcToolbox→"数据管理工具"→"栅格"→"栅格处理"→"裁剪"(图 5-12)。

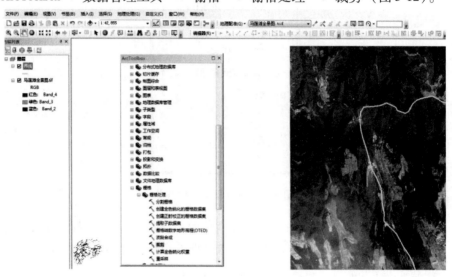

图 5-12 图像裁剪窗口

(5) 专题图像输出

①将图像添加到 ArcMap 中,点击"视图"菜单切换到"布局视图"模式,进行专题图编辑(图 5-13)。

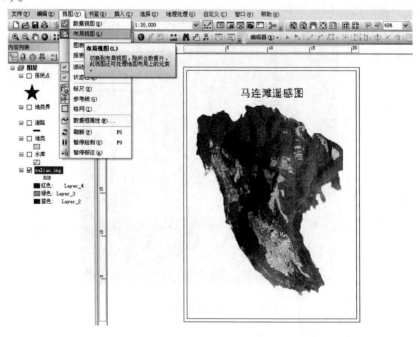

图 5-13 专题图像输出窗口

②点击"插入"菜单中添加指北针、图例、比例尺和注记。

③在图像上右键选择"属性"→"格网"→"新建格网",根据制图要求设置相应的参数(图5-14)。

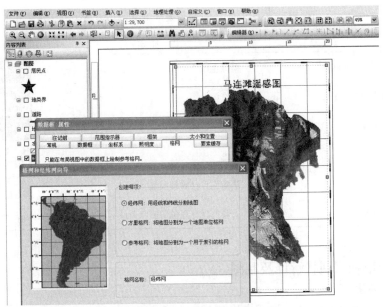

图 5-14　加添坐标格网

④单击菜单栏上"文件",选择"导出地图",弹出导出地图对话框,自定义文件保存路径和格式,完成遥感图制作(图5-15)。

图 5-15　打印输出结果

5.3.3.3 图像解译标志建立

利用第 2 章介绍的建立解译标志的方法，建立本调查区的遥感图像解译标志（表 5-1）。

表 5-1 天云村土地利用调查遥感图像解译标志

编号	类型	特征	解译标志
1	油松林地（有林地）	墨绿色	
2	刺槐林地（有林地）	鲜红色	
3	灌木林地	暗红色，间有白色、黄色斑块	
4	草地	绿色	
5	农田	翠绿色，且纹理明显	
6	建设用地	天蓝色，有黑色房屋状条纹	

5.3.3.4 土地利用现状解译及制图

(1) 文件创建

①在电脑上建立文件夹，将调查区遥感数据和 DEM 数据保存到相应硬盘，如 E：\ mlt \ mlt-image。

②打开 ArcMap，点击 ✦ 加入校正好的遥感影像，如 E：\ mlt \ mlt-image。

③打开"窗口"→"目录"（ArcCatalog），连接到已建好的指定文件夹，在此文件夹上按鼠标右键→"新建"→"个人地理数据库"（p）→右键→"新建"→"要素数据集"→命名为："土地利用"→西安 80 坐标系（投影坐标系→Gauss Kruger→Xian 1980→OK）。

"土地利用"→右击"新建"→"要素类"（按照窗口提示分别创建点要素文件名、线要素文件名、面要素文件名），如图 5-16 所示。

图 5-16 新建要素类窗口

(2)地类解译与勾绘

地类解译主要依据是森林调查地类型分类系统,图形勾绘操作工具主要为 ArcMap 下的"编辑器"工具栏,打开方法:在 ArcMap 主菜单空白区按鼠标右键,然后选择其中的"编辑器"即可。启动"编辑器"时,按右边的小黑箭头,在"编辑器"下拉菜单中执行"开始编辑"命令,选择要编辑的图层,如地类、居民点、道路等(图 5-17)。

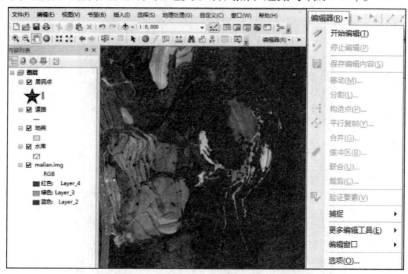

图 5-17　图层编辑

①点状地类　森林区划中点状地类主要为高程点、注记以及重要特征点。在 ArcMap 中添加的步骤如下:

第一,在"编辑器"下拉菜单中执行"开始编辑"命令,在"创建要素栏"选择要编辑的图层——居民地。

第二,将地图放大到合适的比例,点击鼠标,此时居民地位置符号就能放至图上。在内容列表中选择居民地并按右键打开属性表,通过修改属性表字段,添加居民地名称。

第三,在"编辑器"中选择"保存编辑"将修改结果保存到要素类——居民地。

第四,完成编辑后,"编辑器"中选择"停止编辑"。

第五,双击"居民地"图层修改其符号类型、颜色、大小等(图 5-18)。

②线状地类　森林区划中线状地类主要为道路、河流等。在 ArcMap 中添加的步骤如下:

第一,在"编辑器"下拉菜单中执行"开始编辑"命令,在"创建要素"窗口列表中选择要编辑的图层——道路。

第二,将地图放大到合适比例,在遥感图像中找到道路所在位置,点击鼠标左键,沿道路采集拐点,直至勾绘完成整个道路,左键双击结束。此时道路的符号显示在图面

图 5-18　点状地类符号显示

上。在内容列表中选择道路并按右键打开属性表，通过增加新字段的方法，添加道路名称。

第三，在"编辑器"中选择"保存编辑"将修改结果保存到要素类——道路。

第四，完成编辑后，"编辑器"中选择"停止编辑"。

第五，双击"道路"图层修改其符号类型、颜色、大小等（图 5-19）。

图 5-19　线状地类显示

③多边形地类　也称为面状地类。森林区划中多边形地类主要为林班、林场等。在 ArcMap 中创建有两种方法，一种是首先勾绘界线，然后用"拓扑"工具由线构成面；另一种是直接先勾绘面，然后建"拓扑"的方法。此处介绍第一种创建面的步骤如下：

第一，用上述方法，创建一个线要素（如地类界等）。

第二，选择"地类界"线图层，在"编辑器"下拉菜单中执行"开始编辑"命令，在"创建要素"列表中选择要编辑的图层 - 地类界。

第三，将地图放大到合适比例，在遥感图像中首先解译（判读）出不同的林地类型，并找到其边界位置，然后点击鼠标左键，沿地类界线勾绘出，结束时双击鼠标左键。为了保证地类界线闭合，勾绘时在节点处让其交叉。

第四，在"编辑器"中选择"保存编辑"将修改结果保存到要素类 - 地类界。

第五，打开"拓扑"编辑器（在主菜单空白处按右键选择）。

第六，点击"编辑器"→"更多编辑工具"→"高级编辑"。

第七，使用"拓扑"编辑器中的 "地图拓扑"，选择要进行拓扑的线要素数据源——地类界和地类。

第八，框选需要创建面的线条，然后点击 ，即创建面成功。

第九，完成编辑后，"编辑器"中选择"停止编辑"，并保存图层。

第十，双击"地类"图层修改其图例属性，如颜色、图案等（图 5-20）。

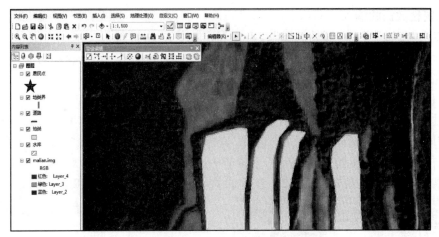

图 5-20 多边形地类显示

5.3.3.5 地类属性库建立

(1)建立属性库结构

①将生成的面文件，加载至地图窗口。设置面图层图例背景为透明在内容列表中双击面文件图标，打开“符号编辑器”，选择“空心”并确定。

②点击“编辑器”→“停止编辑”，右击面图层，打开“属性表”(图 5-21)。

FID	Shape *	OBJECTID	AREA
0	Polygon	2417	4.093
1	Polygon	2553	8.099
2	Polygon	2556	3.368
3	Polygon	1704	23.874
4	Polygon	1705	7.164
5	Polygon	1713	4.639
6	Polygon	1717	13.439
7	Polygon	1726	7.098
41	Polygon	2100	43.566
42	Polygon	2126	28.889
43	Polygon	2136	5.08
44	Polygon	2147	9.045
45	Polygon	2161	.296000
46	Polygon	2163	26.113
47	Polygon	2174	1.737
48	Polygon	2176	1.285
49	Polygon	2182	9.057

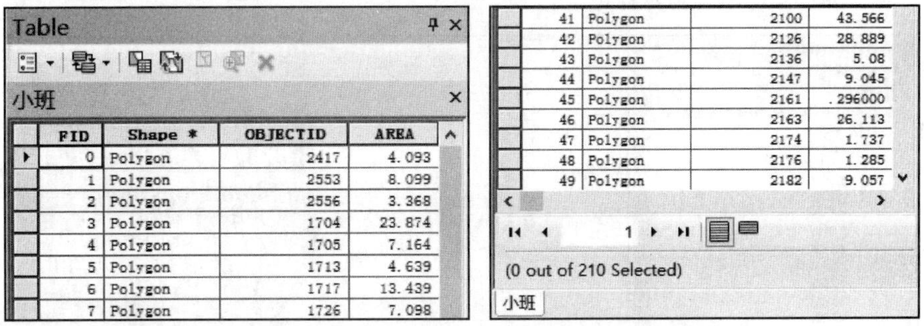

图 5-21 属性窗口(左右图上下相连)

③点击属性表里面的“ ”，从下拉菜单中选择“添加字段”，如土地利用类型字段，其他字段添加方法类似。输入字段名称，字段类型选择为 text，点击 OK(图 5-22)。

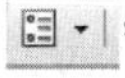

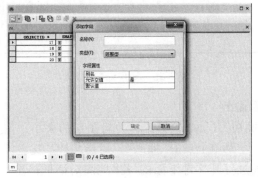

图 5-23 添加字段名字

(2) 属性数据的输入

①点击"编辑器"→"开始编辑",点击"面文件",右键选择"缩放至图层",缩放至该多边形,根据目视解译标志,判读该多边形所在地类的类型,输入地类名。

②完成以后"保存编辑","停止编辑"。

(3) 图形符号化编辑

右键点击"面图层",选择"属性",在"符号系统"里面,选择"类别"→"唯一值",在"值字段"下拉箭头选择地类,在"色带"选择需要的颜色带,然后单击"添加所有值"。继续点击"标注"标签里的"标注字段"下拉箭头选择所需要标记的字段,勾选"标注此图层中的要素",最后点击确定(图 5-23、图 5-24),图层标记结果如图 5-25 所示。

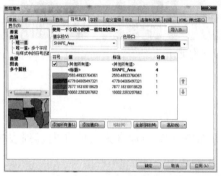
图 5-23　符号显示样式

图 5-24　地类字段标记设置

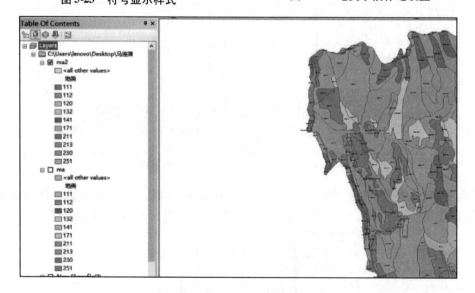
图 5-25　图层标记结果

(5) 土地利用现状图输出

将图形区切换到版面视图(layout)模式,并对图层的大小、位置进行调整,然后在版面视图上增加地图要素(主菜单上点击"插入",对指北针、比例尺、坐标格网、图名、图例等进行编辑),最后通过打开文件下面的导出地图对话框输出专题图,格式为 jpg,dpi

设为300,单击保存(图5-26)。

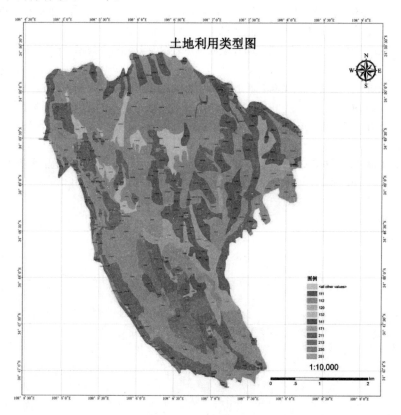

图 5-26　专题制图结果

本章小结

土地利用现状调查是一切林业调查的基础。本章简要介绍了我国土地分类体系、土地利用现状分类的原则、土地分类系统和依据(2007年8月5日,《土地利用现状分类》(GB/T21010-2007));主要介绍了土地利用现状调查内容和程序;并以黄土高原人工林区为例,依据高分辨率遥感卫星数据(Quickbird),在 ENVI 和 ArcGIS 软件系统支持下,详细介绍了提取该区域土地利用现状信息的方法和步骤,包括:

(1)资料准备:遥感图像数据、森林资源二类调查数据等。

(2)工具准备:计算机硬件、软件。

(3)土地利用信息提取的步骤,包括图像预处理(图像融合、几何精校正、图像裁剪、图像输出)、图像解译标志建立、目视解译与制图、属性数据库建立等。

参考文献

林培.1995. 土地资源学[M]. 2版. 北京:中国农业大学出版社.

刘黎明,等.1994. 土地资源调查与评价[M]. 北京:科学技术文献出版社.

吴秀芹,张洪岩,李瑞改,等. 2007. ArcGIS 9.0 地理信息系统应用与实践[M]. 北京:清华大学出版社.

王飞，赵忠，郝红科，等.2013.基于WXA的渭北黄土高原立地类型划分的研究——以永寿县永平乡为例[J].西北农林科技大学学报(自然科学版)，41(7)：134-139.

陈乐书，侯琪.2007.土地利用现状调查中数字正射图像图和GIS技术的应用[J].测绘通报，6：65-67.

金福杰，王妍，来永斌.等.2005.遥感和GIS技术在土地利用现状调查中的应用[J].环境保护科学，31(128)：44-46.

张若琳，万力，张发旺，等.2006.土地利用遥感分类方法研究进展.南水北调与水利科技[J]，4(2)：39-41.

甘甫平，王润生，王永江，等.1999.基于遥感技术的土地利用与土地覆盖的分类方法[J].国土资源遥感，4(42)：40-44.

第 6 章

立地分类

　　立地是指造林地或林地的具体环境，即指与林木或林分生长发育有密切关系的所有因子的总和。构成立地的各个因子称为立地条件。其中能被林木直接利用的称为生活因子，如光照、土壤营养、水分、空气等；通过对生活因子的再分配进而影响林木生长发育的称为环境因子，如地貌、海拔、坡向坡位等。

　　在自然界中立地条件总是千变万化的。严格地讲，地球上没有两块绝对相同的造林地或林地，总是存在某些微小差别。但这种变化有一定的变化范围，而且在许多情况下还不至于引起树种选择及造林技术方面有质的不同，完全可以将其界线划分开来。将立地条件及其生长效果相似的林地归并到一起，即为通常所说的立地分类。

　　传统的森林立地类型划分需大量的野外调查和资料搜集工作，对人力、物力、财力的要求较高，难以在较短时间内完成大面积范围的立地分类，在数据的可靠性和资料的适时性方面都存在许多问题，如调查的数据受人为主观性影响较大，数据不易更新、查询和表达等。近些年来，"3S"技术的发展和广泛应用，为立地类型划分提供了新的方法，使立地分类外业工作量大幅降低，调查周期缩短，工作效率大大提高。本章以地处陕西渭北黄土高原的永寿县小流域为例，利用 ArcGIS、ERDAS、ENVI、SimDTA 等软件平台，具体介绍了"3S"技术在黄土高原小流域立地分类中的应用。

> 【本章提要】立地是与林木生长发育有关的自然环境因子的总称，立地条件就是生态环境条件。在较大的区域内，首先要研究气候、地貌对林木生长发育的影响；较小的范围内，则在气候、地貌类型已知的情况下，主要对下列生态环境因子进行调查分析。传统的森林立地调查对人力、物力及财力的要求较高，难于在较短时间内完成大面积范围的立地分类，在数据的可靠性和资料的适时性方面都存在许多问题。采用"3S"技术进行立地分类，可大大减少外业工作量，缩短其周期，大幅度提高工作效率和立地分类的精度。

6.1 立地调查

立地调查是一种林业专业调查，是立地分类的基础性外业工作，也是各种作业设计的重要依据。立地调查的内容主要包括立地因子调查、分析和归类，其成果有立地类型特征汇总和立地类型图。

6.1.1 立地调查的内容

根据调查区域的面积大小，立地调查的内容也各有侧重。在较大的区域内，首先要研究气候、地貌对林木生长发育的影响，而在较小的范围内，则在气候、地貌类型已知的情况下，主要对下列立地因子进行调查分析。

①地形因子　包括海拔高度、地形、坡向、坡位、坡度和小地形等。

②土壤因子　包括土壤种类、土层厚度、腐殖质层厚度及含量，土壤水分含量及肥力、质地、结构及石砾含量、酸碱度、盐碱含量，土壤侵蚀或沙化程度，基岩和成土母质的种类与性质等。

③水文因子　包括地下水位深度及季节变化，地下水矿化程度及其盐分组成、土地被水淹没的可能性等。

④生物因子　主要包括植物群落名称、组成、盖度、年龄、高度、分布及其生长情况，森林植物的病虫害情况等。

⑤其他　除上述因子外，还有人为活动等因子。

林地的立地条件是多种多样的，若把这些千差万别的立地条件罗列起来一一考虑，不仅会人为地造成复杂化，使作业设计的工作无从下手，而且在实际生产中也没有这种必要。因此，立地调查的目的在于，通过立地调查和综合分析，将复杂的自然条件划分成内部条件相近，而与外部条件存在明显差别的立地类型。然后，按立地类型划分宜林地小班和进行作业设计。

6.1.2 立地调查的方法

森林地分类的研究已有近100年的历史。主导因子是立地分类的主要依据，其中以气候、地形和土壤等为基础的综合多因子分类方法被欧洲和北美公认为立地分类最有效的经典方法。随着现代信息技术的发展，森林立地分类与评价技术正向着综合化、多目标的方向发展。根据立地分类主导因子获取及其分级组合所采用的方法，概括起来有以下3种方法。

(1) 定性分析分类法

根据调查区域的具体实际，在深入分析当地林木生长限制性因子的基础上，确定若干个对立地分类有重要影响的主导因子，然后进行分级组合并通过野外样地调查划分立地类型。这种方法是对欧美综合多因子分类的进一步发展，在我国得到普遍应用。在生产中，立地分类一般在林业区划调查之前，以林场或流域为单位进行。

在面积较大的地区，不可能对每块林地都一一进行立地调查，既不能使外业调查的工作量过大，又要使调查材料较为全面地反映不同立地的特征。通常是在充分搜集与分析当地现有资料的基础上,采用线路调查(机械选样)和典型调查(典型选样)相结合的方法进行(参见第3章3.3内容)。

(2)定量分析分类法

运用数量化的理论,采用多元回归分析、主成分分析、灰色关联分析、聚类分析等分析技术建立林分上层木高生长与立地诸因子的关系模型,分析不同立地因子对林木生长的贡献,确定主导因子,并通过对野外样地调查结果的分级组合划分立地类型。这种分类的方法方法克服了第一种方法在确定主导因子时受人为主观影响大的弊端,常常被用于森林立地分类与质量评价的研究。

(3)基于"3S"技术的分类方法

随着"3S"技术的快速发展,使得短时间内获取较大尺度地域立地分类主导因子成为可能。同时,对林业中常用的林相图、森林土壤图,采用多元信息叠置分析的方法,借助GIS软件实现森林立地类型的自动分类。

6.1.3 立地分类及立地类型表的编制

(1)材料的整理与汇总

野外调查记载的材料应进行全面检查,如有遗漏或误差的项目,应进行补充、修正,必要时应进行野外补充调查。

野外难以确认的植物和岩石等,应对其标本及时进行鉴定,按鉴定后的结果修改野外记载的代名或代号。

立地类型因子汇总是对立地类型进行综合分析的过程。本着立地类型内部条件趋于一致,而与外部又有明显差异的原则,按照野外调查时初步划分的立地类型,或者根据地形、土壤、植被等特征,采取分级归类、逐步组合的方法,先将相近似的立地逐步汇总,在汇总过程中加以调整,最后归纳出不同的立地类型。

立地类型划分的多少(细致程度),应根据当地的自然条件和生产上的实际需要确定。一般划分不宜过多过细,以免给生产带来不必要的繁琐。

立地类型因子汇总通常采用表格(表6-1)的形式较为方便,同时便于诸项因子的对照比较以及特征的汇总。

表 6-1 立地类型因子汇总表

调查线段编号	地形						土壤									植物	
	海拔	坡向	坡度	坡位	地形特点	裸岩比例	侵蚀状况	土层厚度	腐殖质厚度	质地	干湿	石砾含量	pH值	石灰反应	母质	地下水位	优势种	覆盖度

(2)编制立地类型特征表

立地类型特征表(表6-2)是划分立地类型的主要成果。在立地类型因子汇总表(表6-1)的基础上,经反复分析调整,可基本确定所需划分的立地类型,并根据因子汇总表概括出每一立地类型特征的变动范围。特征的描述要力求精炼、准确,重点突出。

表 6-2　立地类型特征表

立地类型名称	代　号	地　形	土　壤	植　被

在外业调查中，若发现立地类型特征表中某立地类型划分不够恰当或因子特征不够准确，则应根据调查材料进行适当的修改或补充。

6.2　数据预处理

6.2.1　DEM 拼接及投影

6.2.1.1　DEM 及用途

DTM（Digital Terrain Model）是地形表面形态属性信息的数字表达，是带有空间位置特征和地形属性特征的数字描述。例如，地面温度、降水量、地球磁力、重力、土地利用、土壤类型等其他地面诸特征。

数字地形模型中地形属性为高程时称为数字高程模型（Digital Elevation Model、DEM）。高程是地理空间中的第三维坐标（图 6-1）。DEM 在土地利用规划和林业专项调查中有广泛的用途，表 6-3 详尽地列举出常见的各种用途。

图 6-1　DEM 示例

表 6-3　DEM 的用途

No.	用　途	No.	用　途
1	谷脊特征分析	8	淹没边界的计算
2	剖面图的自动绘制	9	坡度、坡向分析
3	地表粗糙度计算	10	地表形态的自动分类
4	地形曲面拟合	11	立体透视图
5	通视分析	12	地貌宣渲图及其与专题地图叠置
6	交通线路选择	13	工程土方量估算
7	项目选址	14	土地利用规划

6.2.1.2　DEM 拼接

一般情况下，DEM 是由国家标准地形图生成的，其图幅大小与国家标准图幅相同。因此，在实际应用中，如果调查区或研究区大于一个 DEM 图幅时就存在其拼接问题。

DEM 拼接时必须统一地理坐标系及比例尺，否则拼接不会成功。

(1) 数据拼接

利用 ArcGIS 中 ArcToolbox 的 Mosaic to New Raster 工具对 24 幅 DEM 数据进行拼接。按照路径：Data Management Tools→Raster→Raster Dataset→Mosaic to New Raster 启动该工具，在 output Location 输入"数据的输出路径"；"Coordinate system for raster"选项中选择"西安 1980 投影坐标系，3 度分带，中央经线 108E"；"cell size"填写"5"；其他选项保持默认。如图 6-2 所示，点击 OK，完成 DEM 拼接，得到拼接结果如图 6-3 所示。

图 6-2　DEM 拼接数据打开　　　　　　图 6-3　DEM 拼接结果

(2) 导出拼接后的 DEM

在上一步拼接得到的 DEM 图层上"右击"选择"Export Data"选择通用"TIFF"格式（图 6-4）；像元大小"5"，确定输出路径，点击"save"完成 DEM 数据的输出（图 6-5）。

 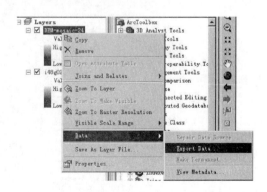

图 6-4　DEM 图层导出界面　　　　　　图 6-5　DEM 图层导出参数设置

6.2.1.3　DEM 投影

(1) 自定义投影坐标系

①添加平面投影坐标系参数　ENVI 中系统没有自带"西安 80"投影坐标系，因此需要自定义该投影坐标系。按照路径：C:\Program Files\Exelis\ENVI50\classic\map_proj 打开

"Datum"和"ellipse"两个文件，分别将西安80投影坐标系的基准面参数"D_Xi'an_1980，IAG-75，0，0，0"和椭球体参数"IAG-75，6378140.0，6356755.3"粘贴到两个文件中，保存并重启 Envi。

②自定义平面投影坐标系　点击 Envi 菜单栏"Map"，在子菜单栏点击"Customize Map Projections"，弹出对话框（图6-6），"Projection name"处填写自定义坐标系的名称，最好能说明中央经线、分带情况；"Projection type"处选择"Transverse Mercator"；"Projection datum"选择刚添加的基准面"D_Xi'an_1980"。最后点击菜单栏"Projection"→"Add new projections…"；点

图6-6　自定义投影坐标设置

击 File→"save projections"保存该自定义投影（注：Win7 及以上版本的系统在此步骤中会出现无法保存的错误提示，需要以管理员的身份运行 ENVI）。

（2）添加带号

①打开拼接好的 DEM（图6-7），在显示窗口上对其做拉伸处理，便于图像显示。

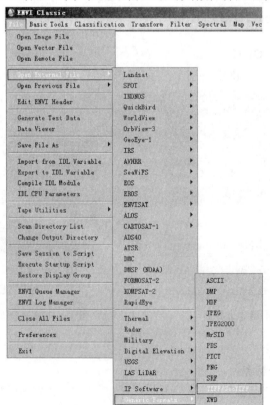

图6-7　打开拼接好的 DEM

②点击"Map"→"Registration"→"Select GCPs：Image to Map"（图 6-8），弹出对话框（图 6-9），选择定义好的"西安 1980 投影坐标系"，确定后弹出对话框（图 6-10）。

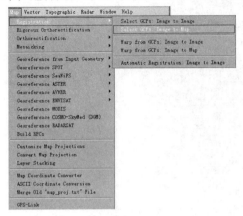

图 6-8　打开图像、地图校正界面

图 6-9　选择校正投影类型

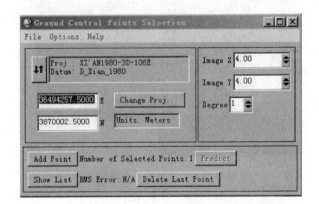

图 6-10　地面控制点选择

③控制点的选择及输出。控制点尽量在整个图像上分布均匀且布满整个图像，在图像上选择好控制点后，在 Zoom 窗口右击选择"pixel locator"弹出对话框，如图 6-11 所示，点击"Export"，将数据输出到控制点选择面板，然后在经度前面加上"36"，回车确定，点击"add point"。重复上述步骤，选择 4~6 个点即可（图 6-12）。

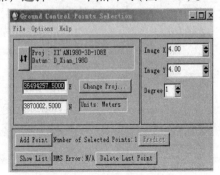

图 6-11　像元位置坐标获取

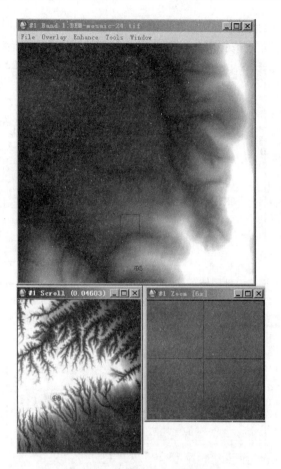

图 6-12 地面控制点选择结果

④校正 DEM。选择好所有的控制点后(图 6-13),点击菜单栏 Options→Warp File,弹出对话框(图 6-14),点击需要校正的 DEM,然后点击"OK"弹出对话框(图 6-15),Wrap parameters 处,Method 选项选择"polynomial","Degree"选择"1","Resampling"选择"nearest neighbor",其他参数保持默认,点击"OK",完成了 DEM 的带号添加,即将 DEM 整体向东平移了 3 600 000 m。

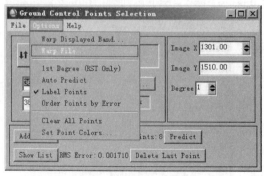

图 6-13 选择校正菜单

6.2 数据预处理

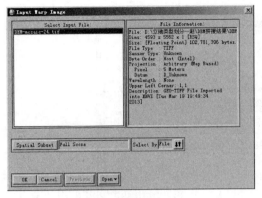

图 6-14 选择校正 DEM

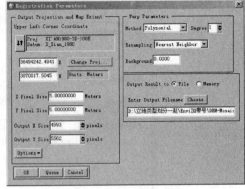

图 6-15 校正参数设置

6.2.2 DEM 裁剪

6.2.2.1 提取调查区矢量图

一般情况下，从当地林业部门可以搜集到全县的矢量图，这种情况下，可以从县域矢量图中提取研究区的矢量图（如马连滩）。操作步骤如下：打开 ArcToolbox，然后依次选择分析工具→提取分析→筛选工具，提取马连滩矢量图（图 6-16、图 6-17）。

图 6-16 选择乡界适量图层

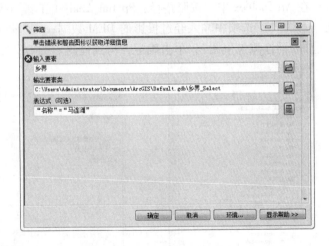

图 6-17 筛选马连滩矢量图

6.2.2.2 重新投影调查区矢量

在 Arctoolbox 中按照路径：数据管理工具—投影和变换—要素—投影，启动"投影"工具（图 6-18），在 Output Coordinate system 选项中选择"高斯克吕格 3 度分带中央经线为 108"的投影坐标系；指定输入和输出路径，将永平乡矢量图投影坐标系转换成本项目定义的投影坐标系。

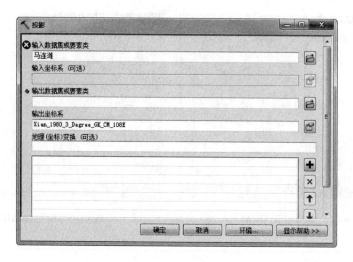

图 6-18　永平乡矢量图层添加投影信息

6.2.2.3　DEM 掩膜

①ArcGIS 中打开之前拼接并校正好的 DEM 数据。

②打开马连滩矢量图。

③DEM 掩膜。

在 ArcToolbox 中，按照路径：Spatial Analyst 工具→提取分析→按掩膜提取（图 6-19），在"输入栅格"选项中输入经过投影的 DEM 数据；在"输入栅格数据或要素掩膜数据"选项中选择"马连滩矢量图"，单击确定，得到掩膜后的 DEM（图 6-20）。

图 6-19　选取掩膜工具

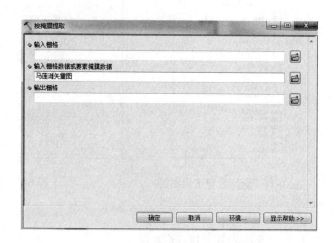

图 6-20　利用掩膜提取永平乡 DEM

6.2.3　DEM 洼区平处理

为了消除 DEM 中小的瑕疵（洼地），对 DEM 做填洼（Fill）处理。按照路径（图 6-21），

图 6-21 填注(Fill)工具　　　　　图 6-22 填注处理

打开"Fill"工具(图 6-22),添加输入输出路径及最大高程限制。点击 OK,完成 DEM 填注处理。

6.3 立地类型划分标准的制定

6.3.1 坡度等级划分标准的制定

参照《陕西省森林资源调查设计实施办法》对坡度地形因子的分级标准,结合调查区实际情况,确定坡度因子的分级标准,将大于 35°的坡地划分为暂不可造林地,具体分级情况见表 6-4。

表 6-4 永寿县立地类型划分坡度因子等级

坡度等级	坡度(°)
平缓坡	0~15
斜坡	16~25
陡坡	26~35
暂不可造林地	>35

6.3.2 坡向方位界定标准的制定

森林资源一类、二类调查规程及《陕西省森林资源规划设计调查实施细则》中只提及各坡向方位的界定,并未提及各方位在坡向(阴坡、阳坡)中的归属。本章参照罗伟祥(1985),余其芬(2003)和赵鹏祥(2009)等人在立地类型划分中采用的,且在生产实践中被广泛采用的坡向划分方法,本书暂制定坡向方位界定标准(表 6-5)。

表 6-5 坡向方位界定标准

坡向	方位	方位角(°)
阳坡	南	157.5~202.5
	东南	112.5~157.5
	西南	202.5~247.5
	西	247.5~292.5
阴坡	北	337.5~22.5
	西北	292.5~337.5
	东北	22.5~67.5
	东	67.5~112.5

6.3.3 地形部位类型的确定

参照《陕西省森林资源规划设计调查实施细则》,结合调查区地形地貌变化,确定立地类型划分的地形部位类型(表 6-6)。

表 6-6 永寿县立地类型划分地形部位类型

地形部位	相对位置指数
山脊	$0.75 \leqslant P_{ij} \leqslant 1$
坡面	$0.25 \leqslant P_{ij} < 0.75$
沟底	$0 \leqslant P_{ij} < 0.25$

6.4 立地因子提取

6.4.1 坡向因子提取

(1) 坡向因子初步提取

打开 ArcMap 程序,并加载调查区(马连滩)DEM 数据。打开 ArcToolbox,选择 Spatial Analyst 工具→表面分析→坡向(图 6-23),生成马连滩坡向初步分级分布图(图 6-24)。

 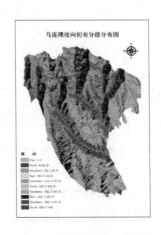

图 6-23 坡向提取工具　　　　图 6-24 马连滩坡向提取结果

(2)坡向因子分类

利用 Spatial Analyst 工具中重分类(重分类)功能对上一步生成的坡向分布结果进行分类。选择 Spatial Analyst 工具→重分类→重分类工具,弹出对话框(图6-25);点击对话框中"分类"按钮,弹出对话框(图6-26),根据"坡向方位界定标准"(表6-5),对调查区坡地的坡向进行分类(图6-27)。

(3)去除小斑块

划分结果中存在大量面积很小、在实际生产中没有意义的斑块,可合并到邻近的大斑

图6-25　打开重新分类工具

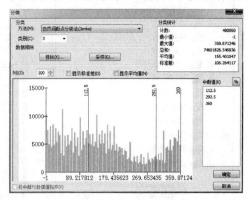
图6-26　分类方法确定

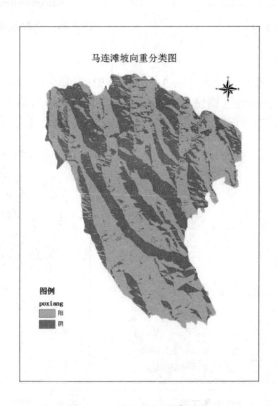
图6-27　坡向重新分类结果

块中。

在 ArcToolbox 中，按照路径：Spatial Analyst 工具→栅格综合→众数滤波（图 6-28），打开"众数滤波"对话框（图 6-29）。将上一步重分类的结果进行输入，"要使用的相邻要素数"选项中选择"FOUR"，"替换阈值"选项中选择"MAJORITY"，点击确定。查看属性表（打开属性表）中"坡向"字段，若没有，则需重新添加字段。

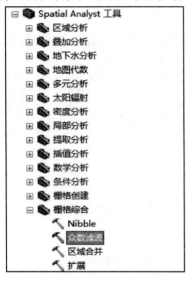

图 6-28　众数滤波（1）　　　　　图 6-29　众数滤波（2）

（4）坡向图矢量化

将去除小斑块的坡向图矢量化，在 ArcToolbox 中按照路径：转换工具→由栅格转出→栅格转面，打开栅格转换矢量（栅格转面）工具。指定输入输出路径；选中"简化面"单选框；"字段"选项中选择"poxiang"（图 6-30）。单击确定，输出矢量结果如图 6-31 所示。

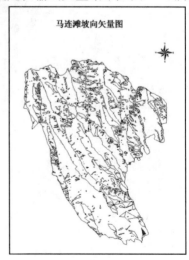

图 6-30　栅格转换矢量工具　　　　图 6-31　转换成矢量结果显示

6.4.2 坡度因子提取

(1) 坡度因子初步提取

在 ArcMap 中，加载调查区（马连滩）DEM 数据。打开 ArcToolbox，选择 Spatial Analyst 工具→表面分析→坡度工具（图 6-32），生成马连滩坡度初步分级分布图（图 6-33）。

图 6-32　坡度提取工具

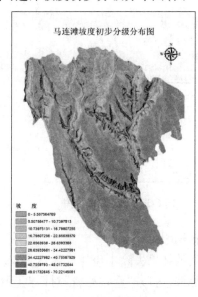

图 6-33　坡度提取结果

(2) 坡度分级

利用重分类的功能（重分类）对上一步生成的坡度分布结果进行分级。选择 Spatial Analyst 工具→重分类→重分类工具，弹出对话框（图 6-34）；点击对话框中"分类"按钮，弹出对话框（图 6-35），按照"坡度因子等级表"（表 6-4），对上步初步提取的坡度因子进行分级，此处分为两类。右键重分类后的图层，点击"打开属性表"→"添加字段"，添加字段（如坡度），字段类型选择为"文本"（图 6-36），得到分级后的结果（图 6-37）。

图 6-34　坡度分级工具

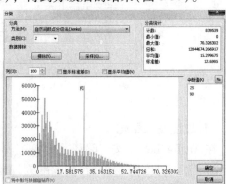

图 6-35　坡度重新分级设置

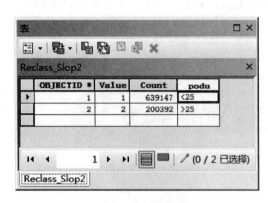
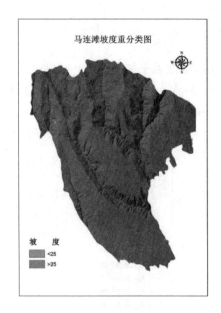

图 6-36 坡度属性编辑　　　　图 6-37 坡度分级结果

(3) 去除小斑块

将重分类的结果去除小斑块,在 ArcToolbox 中按照路径:Spatial Analyst 工具→栅格综合→众数滤波,打开"众数滤波"对话框(图 6-38)。选择重分类的结果进行输入"要使用的相邻要素数"选项中选择"FOUR","替换阈值"选项中选择"MAJORITY",点击"确定"。查看属性表(打开属性表)中"坡度"字段,若没有,则需重新添加字段。

图 6-38

(4) 坡度图矢量化

在 ArcToolbox 中按照路径:转换工具→由栅格转出→栅格转面,打开栅格转换矢量(栅格转面)工具(图 6-39)。指定输入输出路径;选中"简化面"单选框;"字段"选项中选择"podu"。单击"确定",输出矢量如图 6-40 所示。

6.4 立地因子提取

图 6-39 栅格转换矢量工具

图 6-40 坡度图层栅格转矢量结果

6.4.3 地形部位因子提取

6.4.3.1 山脊沟底线的提取

(1) 提取坡向数据

点击 DEM 数据,使用表面分析工具中的坡向(Aspect)工具,提取 DEM 的坡向数据层,命名为 A。

(2) 提取坡度数据

点击数据层 A,使用表面分析中的坡度(Slope)工具,提取数据 A 中的坡度数据,命名为 SOA1。

(3) 生成反地形 DEM

使用空间分析工具中的栅格计算器,由路径 Spatial Analyst 工具→地图代数→栅格计算器,用最大高程值 H(此处 $H = 1376.93$)减去 DEM,公式为:1335.57-"DEM",得到与原来地形相反的数据层,即反地形 DEM,命名为 R-DEM。

(4) 基于反地形 DEM 数据求算坡向值

利用反地形 DEM 数据,并使用空间分析工具中的 Aspect 工具,求算 R-DEM 的坡向值。

(5) 求算反地形坡向变率

利用 SOA 法求算反地形的坡向变率,对上一步求出的 R-DEM 坡向值进一步求算坡度值 Slope,即得到反地形的坡向变率,记为 SOA2。

(6) 消除坡向变率误差

使用空间分析工具中的栅格计算器,Spatial Analyst 工具→地图代数→栅格计算器,公式为 SOA = (("SOA1" + "SOA2") - Abs("SOA1" - "SOA2"))/2,即可求出没有误差的坡向变率 SOA。

(7) 求算坡向平均值

再次点击初始 DEM 数据，使用空间分析工具集中的栅格领域计算工具，Spatial Analyst 工具→邻域分析→块统计；设置统计类型为平均值(Mean)，领域的类型为矩形，大小为 11×11，记为 B。

(8) 求算正负地形的分布区域

使用空间分析工具集中的栅格计算器，由 Spatial Analyst 工具→地图代数→栅格计算器，公式为 C = "DEM" - "B"，即可求出正负地形的分布区域。

(9) 求算山脊线

使用空间分析工具集中的栅格计算器，公式为 Ridge = ("C" > 0) & ("SOA" > 85.5)，即可求出山脊线。利用 ArcToolbox 中 Spatial Analyst 工具→栅格综合→众数滤波工具，对山脊线中小斑块进行删除(方法同坡向、坡度图层中小斑块的删除方法)。如图 6-41 所示。

图 6-41　山脊线提取

图 6-42　沟底线提取

(10) 求算沟底线

键入公式 Valley = ("C" < 0) & ("SOA > 86.5)，即可求出沟底线。利用 ArcToolbox 中 Spatial Analyst 工具→栅格综合→众数滤波工具，对山脊线中小斑块进行删除，方法同坡向、坡度图层中小斑块的删除方法(图 6-42)。

6.4.3.2　地形部位的生成

(1) 数据格式转换

在 ArcToolbox 中按照路径：转换工具→由栅格转面→栅格转 ASCII，以 ASCII 格式导出原始 DEM，以及经过小斑块删除的山脊线、沟底线图层。

(2) 地形部位的生成

打开 SimDTA 相对位置指数计算模块 Regional Topo. Attr. →Relative Position Index(图

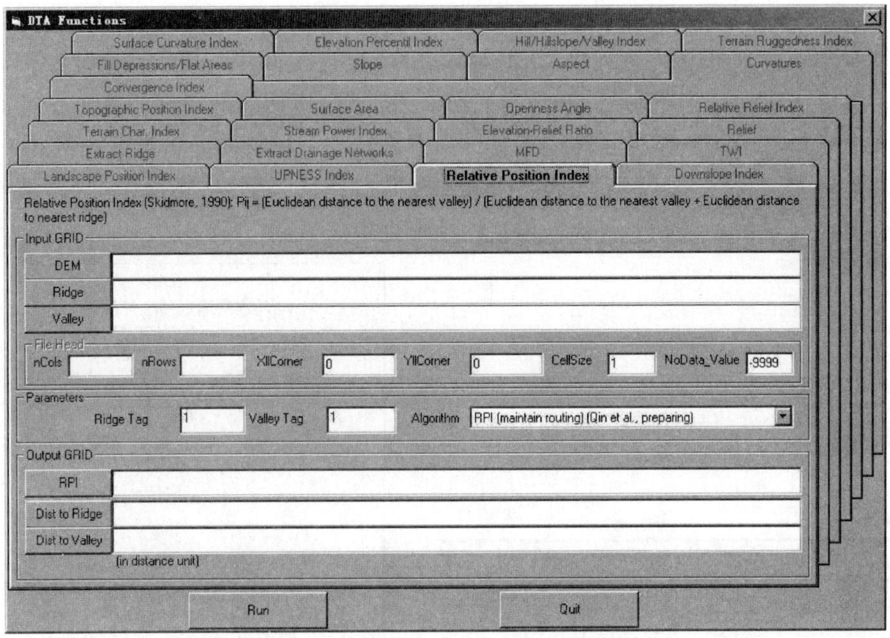

图 6-43　SimDTA 相对位置指数计算模块

6-43)，以 ASCII 格式输入 DEM、山脊线、沟底线。

(3) 地形部位分类

按照表 6-6 的参数在 ArcGIS 中对地形部位进行分类(方法同坡向和坡度)。右键重分类后的图层，点击“打开属性表”→“添加字段”，添加字段(如坡位)，字段类型选择“文本”(图 6-44)，得到坡位分级结果(图 6-45)。

OBJECTID *	Value	Count	坡位
1	1	191982	沟底
2	2	460466	坡面
3	3	187091	山脊

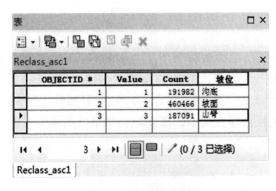

图 6-44　坡位属性编辑

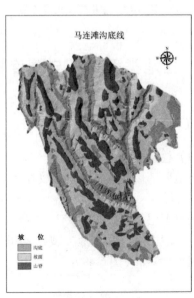

图 6-45　坡位分级结果

(4) 转换成矢量

将重分类后的地形部位，利用 ArcToolbox 中 Spatial Analyst 工具→栅格综合→众数滤波工具，去除小斑块（方法同坡向和坡度），将去除小斑块后的地形部位转换成矢量。

在 ArcToolbox 中按照路径：转换工具→由栅格转出→栅格转面，打开栅格转换矢量工具（图 6-46）。指定输入输出路径；选中"简化面"单选框；"字段"选项中选择"坡位"。单击确定，输出矢量后，得到 shapefile 格式的地形部位矢量图（图 6-47）。

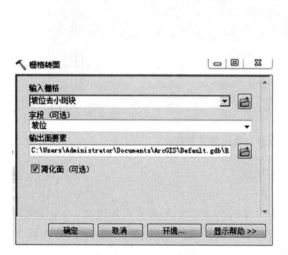
图 6-46　栅格转换矢量工具

图 6-47　地形部位图栅格转矢量结果

6.5　立地类型划分与精度检验

6.5.1　立地类型划分

(1) 叠置分析

将地形部位、坡向、坡度放在 ArcGIS 中的叠置分析中交集（Intersect）功能做叠置分析。按照路径：分析工具→叠加分析→相交，打开"相交"工具（图 6-48），输入三个立地因子矢量图层，参数保持默认。右键新生成的立地类型图层，点击"打开属性表"→"添加字段"，添加字段（如立地类型），字段类型选择为文本，在立地类型字段上点击右键，选择"字段计算器"（图 6-49）。

6.5 立地类型划分与精度检验

图 6-48　叠置分析的交集(intersect)运算工具

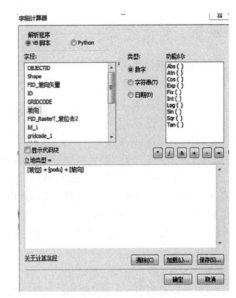

图 6-49　立地类型属性

(2)生成立地类型图

在 ArcToolbox 中按照路径：转换工具→转为栅格→面转栅格，打开矢量转换栅格工具"面转栅格"。指定输入输出路径；"值字段"中选择"立地类型"，得到立地类型图(图6-50)。

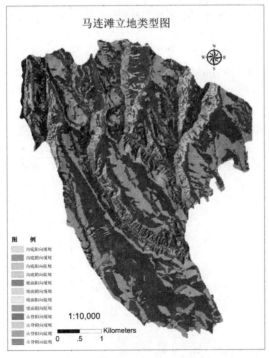

图 6-50　马连滩立地类型图

6.5.2 精度检验

采用调查区前期积累的调查样地资料，将样地坡向、坡度和地形部位信息输入 ArcGIS，生成一个点状 Shapefile 图层，然后将该点状图层与立地类型划分结果的面状图层进行叠置分析（Intersect），得到样地立地类型归属的点状 shapefile 图层。

本章小结

立地类型划分是造林规划设计的前提，是实现适地适树的重要依据。本章主要介绍了基于 DEM 的立地类型划分方法和步骤，内容包括调查设计区 DEM 数据拼接及投影、立地类型划分标准制定和基于 ArcGIS 的立地因子提取（坡度、坡向、坡位）。其中，坡度和坡向等级划分标准依据《陕西省森林资源调查设计实施办法》制定；坡位等级按照相对位置指数划分为山脊、坡面、沟底。

坡度和坡向信息可以利用 ArcGIS 的空间分析（Spatial Analysis）工具来完成，步骤为：信息提取→重新分类→去除小斑块→矢量化。

坡位信息利用 SimDTA 的相对位置指数法提取，以 ASCII 格式输入去洼后 DEM、山脊线、沟底线。

参考文献

吴秀琴，张洪岩，李瑞改，等 . 2009. 地理信息系统应用与实践[M]. 北京：清华大学出版社 .

秦承志，朱阿兴，施迅，等 . 2007. 坡位渐变信息的模糊推理[J]. 地理研究，06：1165 - 1174，1307.

汤国安，杨昕 . 2006. 地理信息空间分析实验教程[M]. 北京：科学出版社 .

余其芬，唐德瑞，董有福 . 2003. 基于遥感与地理信息系统的森林立地分类研究[J]. 西北林学院学报，18(2)：87 - 90.

赵鹏祥，徐国策，王鸿哲，等 . 2009. 基于 GIS 的陕北农牧交错带立地类型划分研究[J]. 西北农林科技大学学报：自然科学版(10)：76 - 82.

秦承志，卢岩君，包黎莉，等 . 2009. 简化数字地形分析软件（SimDTA）及其应用——以嫩江流域鹤山农场区的坡位模糊分类为例[J]. 地球信息科学学报(6)：737 - 743.

罗伟祥，邹年根，韩恩贤，等 . 1985. 陕西黄土高原造林立地条件类型划分及适地适树研究报告[J]. 陕西林业科技，1：1 - 16.

Pennock D J., Corre M D. 2001. Development and application of landform segmentation procedures[J]. Soil and tillage research. 58(3)：151 - 162.

第 7 章 造林规划设计

造林规划设计是根据造林地区的自然、经济和社会条件，在林业用地范围内，对宜林荒山、荒地及其他绿化用地进行调查分析，对造林工作做出全面安排并编制人工造林施工方案的一项技术性工作。造林规划设计是造林的基础工作，是根据自然规律和经济规律，在对宜林荒山、荒地及其他绿化用地进行调查的基础上，编制科学、实用的整套造林规划和造林技术设计方案。

7.1 造林规划设计的任务和内容

7.1.1 造林规划设计的任务

造林规划设计的任务，一是制订造林总体规划方案，为各级领导部门制订林业发展计划和林业发展决策提供科学依据；二是提供造林设计，指导造林施工，加强造林科学性，保证造林质量，提高造林成效。从而为扩大森林资源，改善生态环境，满足社会和经济持续发展对林业的奠定坚实的基础。具体来讲：

①查清规划设计区域内的土地资源和森林资源，森林生长的自然条件和发展林业的社会经济情况。

②分析规划设计地区的自然环境与社会经济条件，结合地方经济建设和社会的需求，对造林、育苗、幼

> 【本章提要】造林规划设计是实施林业生态工程的基础工作，也是林业生态工程建设的先行和依据。本章从林种规划和树种选择入手，重点介绍造林规划的技术问题。造林技术设计的主要内容包括造林地整地、造林密度、造林树种组成、造林季节、造林方法和幼林抚育等。造林典型设计是造林技术设计具体的表达方式，常用造林图式在设计文件中加以应用。

林抚育、现有林经营管理和森林保护等提出规划设计方案,并计算投资、劳力和效益。规划设计的造林面积和营林措施要落实到山头地块。

③根据实际需要,对与造林有关的附属项目进行规划设计,包括造林灌溉工程、防火瞭望台、营林区道路、通讯设备、林场和营林区址的规划设计等。

④造林规划设计还必须确定林业发展目标、造林经营方向以及安排生产布局,落实造林任务,提出保证措施,编制造林规划设计文件。

7.1.2 造林规划设计的内容

造林规划设计的内容是根据任务和要求决定的。对于一个林场或一个区域来讲,造林规划设计是为编制造林年度计划、预算投资、进行造林作业设计或造林提供依据。主要内容包括制定土地利用规划,规划造林总任务量的完成年限,规划造林林种、树种,设计造林技术措施等。这些规划设计意见均需落实到山头地块。此外,对现有林经营、种苗、劳力、投资与效益均需进行规划和估算。必要时,对与完成造林有关的项目如道路、通讯、护林及其他基建等设施也应做出规划。

(1) 土地利用规划

在植被建设中,正确地处理农林牧各业的关系,制定出符合国家和当地社会、经济持续发展要求的土地利用规划,是造林规划设计工作的首要任务,关系到造林工作的成败。要在调查土地利用现状的基础上,根据林业区划(规划)提出的农林牧土地利用比例,并结合本地实际情况制定合理的土地利用规划。具体参见第4章内容。

(2) 立地类型划分

在造林规划设计中,选择造林树种是一项十分重要的内容。为了做到适地适树,通常要根据立地类型进行造林树种的选择。所以,立地类型划分的正确与否,直接关系到造林工作的成败。具体参见第6章内容。

编绘立地类型图,用图面形式直观地反映立地分类的成果,并将其作为造林规划设计的依据和专用图,是世界上林业发达国家的普遍做法。近年来,在我国造林规划工作中的立地类型图也得到了广泛地应用。

(3) 林种规划

我国颁布的《中华人民共和国森林法》按照功能将人工林划分为:防护林、用材林、经济林、薪炭林和特种用途林等五大林种。林种规划要按照《中华人民共和国森林法》划分的林种执行,根据规划地区的自然条件(如地形、地势、气候、土壤及自然灾害的特点等)、社会经济条件(如当地的人口、耕地、粮食生产、生活水平等)和对林产品(木材、燃料、饲料等)的需求情况,因地制宜地确定所需培育的林种,并且落实到一定的区域范围内。一般应参照当地的综合农业区划、林业区划及上一级造林规划所确定的原则,在立地调查和造林地调查的基础上具体落实林种布局。

(4) 树种规划

规划树种主要按照"适地适树"的原则,兼顾国家和群众的需要来选择树种。在立地条件比较复杂的地方,应根据海拔高度、地形部位、坡向、土壤种类和厚度、地下水位、盐渍化程度等影响造林的主要因子,选择适合生长的树种。规划设计必须坚持以当地优良乡土树种为主，乡土树种与引进外地良种相结合的原则，不断丰富造林树种。

在树种搭配上，要统筹考虑国家和群众多方面的要求，尽量做到针阔结合、常绿与落叶树种结合、乔灌草结合。

(5) 造林技术设计

造林技术设计是在造林立地调查及有关经验总结的基础上，根据林种规划和主要造林树种的选择，制定出一套完整的造林技术措施。造林技术设计是造林施工和抚育管理的依据。

造林技术设计的主要内容包括：造林整地，造林密度，造林树种组成，造林季节，造林方法，幼林抚育管理等。

造林技术设计前，应全面分析研究本地或邻近地区人工造林（最好是不同树种）主要技术环节、技术指标和经验教训，以供造林技术设计参考。

(6) 造林进度规划

造林进度规划的目的在于加强造林工作的计划性，避免盲目性，便于按计划做好苗木准备，安排劳力。造林进度安排是一项复杂细致的工作，应避免造林进度规划流于形式。因此，在安排造林进度时，既要考虑林业区划和规划提出的造林总任务，又要考虑规划地区造林的任务和种苗、劳力及经济条件，经过全面分析研究作出切合实际的安排。根据实践经验，进度规划的年限不宜过长，一般以三至五年为好，这样有利于把造林规划纳入国民经济的五年发展规划中去，使规划设计落到实处。

(7) 种苗规划

要保证造林规划设计的实现，首先必须有充足的种苗。要根据造林规划设计提出的树种和种苗规格要求提前制定种苗规划。以本造林地区育苗为主，尽量减少外地苗木调运，对外地优良品种应积极扩大繁殖。规划时要首先计算出每年各树种种苗的需求量，然后提出用种和育苗计划，并落实种子生产及育苗基地等工作。

(8) 投资规划和效益估算

①投资规划　主要包括人力、物力和资金规划。

②效益估算　主要估算造林工作完成后的森林覆盖率、生态效益、立木蓄积量、抚育间伐所生产的林产品和林副产品，以及多种经营的实际收益等。

7.1.3 造林规划设计的工作程序

造林规划设计是造林工程的前期工序，是一个重要的环节。它决定造林是否进行，是否给予投资；并决定造林规模、造林完成年限、投资额等。

一般来说，在生产实践中首先应在当地土地利用规划（或综合规划、区划）及林业区划或上一级造林规划设计的基础上，结合国家和当地经济建设的需要和可能，提出造林工程项目。然后对造林地区进行初步调查研究，提出可行性论证报告或初步设计方案，以确定该项造林工程的规模、范围及相关要求。

其次，在造林工程项目纳入国家或地方建设计划后，对造林工程进行全面调查设计，提出造林工程规划设计方案，作为编制造林计划、组织造林施工和造林施工设计（作业设计）的依据。

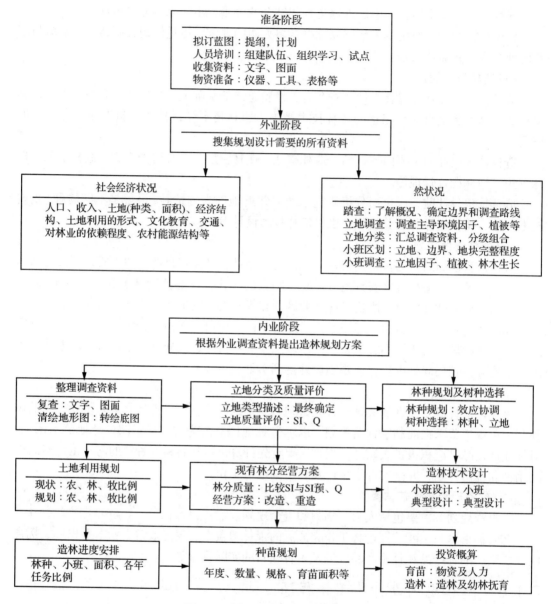

图 7-1 造林规划设计的步骤及内容

造林规划设计工作一般分为准备、外业调查和内业设计及编制方案三个阶段(图7-1)。

(1) 准备阶段

包括成立领导班子，组建规划设计队伍，编写提纲，制订计划，组织学习，进行试点，收集有关文字及图面资料，以及准备仪器、工具、调查用表和文具等。

(2) 外业调查阶段

包括立地调查与立地类型划分，造林地区划与调查，树种生物学特性与现有林木生长状况调查等。

(3) 内业设计、编制方案阶段

包括林种布局与树种选择，造林技术设计(或造林典型设计)，种苗规划与苗圃设计，用工与投资概算，以及预期效益分析等，直至提交全部成果。

造林规划设计成果(方案)，一般包括三个方面。一是造林规划设计说明书(简要叙述规划设计范围内的基本情况，规划设计的依据，造林技术设计和年度生产安排等)；二是附表(土地利用现状、造林典型设计表、林分经营措施表、种苗需要量表、用工投资概算表等)；三是附图(土地利用现状图、立地类型图、造林规划设计图等)。

造林规划设计方案一经上级主管部门批准，施工单位要认真遵照执行，并在生产活动中依此进行检查验收。在实施方案过程中，如有重大变动，需要修改设计方案中某些主要内容时，必须经过原审批单位和设计单位的同意。

7.2 造林区划与调查

7.2.1 造林地区划

造林地就是通过土地利用区划和规划确定为造林使用的土地，是在一定的造林地区内造林地段的总称，包括荒山荒地、采伐迹地、火烧迹地、沙荒地和规划用于造林的其他土地。在造林地区范围较大、情况复杂，造林地与非林地、宜林地以外的林业用地混合分布时，为了便于进行造林规划设计和组织造林、幼林抚育管理等，必须进行造林地经营区划。造林地经营区划应在正式外业调查前进行，由设计单位与造林部门共同研究分区的划分原则和分区标准等，然后在地形图上将高层次的分区界线划定。

造林规划设计的对象主要是宜林地，其次对有林地、疏林地、灌木林地和未成林造林地也要提出经营措施。造林地区划应在土地利用区划和林业区划的基础上，根据林业用地分布情况进行分级区划。

(1) 群众造林

通常大面积的群众造林以县为单位进行规划设计和组织实施。所以，一般在县的范围内进行区划，并以行政界线作为区划的依据，分县、乡、村、小班四级。如自然村的面积过大，不便统计和管理时，也可在村以下增设片(或林班)一级，片以下分小班。如有国有林场、农牧场时，在县以下，以乡的行政界和与乡同级的国有林场、国有农牧场经营地界，划出乡、国有林场、农牧场场界。在乡以下，按村界和与村同级的乡办林场、农牧场经营地界，划出村和国有林场、农牧场场界。村以下和乡办林场、农牧场以下划分小班。和乡同级的国有林场，如有确定的经营范围，可以按营林区、小班分级区划。

(2) 国有林场造林

国有林场造林一般按林场、营林区、小班三级区划。如国有林场面积较大，必要时可在营林区以下增设林班，实行四级区划。其他国有单位造林，可视其规模大小、分散程度，采取按乡、村、小班，或片、小班分级区划管理。

国有林场界线原则上根据国家批准的经营范围区划。营林区以分片管理方便为原则，以行政界或山脊、河流、道路等自然界线划定，面积一般为 133~667 hm²。林班和片是一个统计单位，主要根据自然地形考虑，统一集材系统，以山脊、水系、道路等自然界线区划。根据造林地分布状况确定面积大小。凡造林集中的地方，面积宜小；凡造林地分散的地方，面积宜大。面积一般为 67～133 hm²。

7.2.2 小班区划与调查

小班是调查规划的基本单位。小班不仅是进行单位调查，计算统计面积的基本单位，而且还是进行规划设计、造林的基本单位，造林后还按小班建立经营档案和实施经营管理。所以，小班划分是最重要、最基础的作业。小班调查的具体内容参见第 1 章第 1.2 节和表 7-1。基于"3S"技术的小班区划方法参见第 4 章内容。

表 7-1 造林地小班调查表

县　　　乡　　　村　　　林班

小班号	面积(hm²)	地形				土壤				植被								立地类型代号	选用典型设计号	备注
		海拔(m)	坡向	坡度	坡位	土层厚	质地	干湿度	石砾含量(%)	灌木		草本		散生木						
										总盖度(%)	优势种	总盖度(%)	优势种	树种	高度(m)	胸径(cm)	密度			

调查者：　　　　　　　　　　　　　　　　　　　　调查日期：

注：本表不适于有林地和疏林地调查；调查内容可根据实际情况酌情增删。

①小班地形调查　主要包括海拔、坡向、坡度及坡位等，均记载小班的平均值，填写方法和要求与立地调查相同。

②小班土壤调查　在已进行立地土壤剖面调查的情况下，造林地小班一般不必再进行土壤剖面调查，可通过简单的土坑和自然剖面调查记载土层厚度、质地、干湿度和土层石质含量等即可。但对于营造速生丰产林和经济林的小班，可根据需要进行一定的土壤剖面调查。

③小班植被调查　调查方法、内容和填写要求，可参照立地调查相关部分。

④小班立地类型确定　根据小班地形、土壤和植被调查情况，按立地类型特征表确定小班所属立地类型，可填写立地类型名称或代号。

⑤选择典型设计　小班选择典型设计，实际上就是对小班进行造林设计的过程。这些工作是在野外调查结束以后，内业设计阶段进行的。根据林种和树种的布局原则，结合小班立地条件，选择适宜的典型设计。

7.2.3 专题调查

为了提高造林规划设计的质量，使规划设计达到科学实用，在外业调查中应结合当地林业生产的特点，进行有关专题调查，如调查不同立地上树种的生长状况、"四旁"树生长状况、经济林栽培技术及产量、育苗、造林技术经验总结、林木病虫危害及其防治、林业生产责任制等。

专题调查应根据调查的目的和要求，单独制定调查提纲。

7.3 造林技术设计

造林技术设计是在造林地立地调查及造林地区林业生产经验总结的基础上，根据林种规划和造林主要树种的选择，制定出一套完整的造林技术措施，是造林施工和抚育管理的依据。造林技术设计的主要内容包括造林地整地、造林密度、造林树种组成、造林季节、造林方法和幼林抚育等。

造林技术设计前，应全面分析研究本地或邻近地区的人工造林（最好是不同树种）主要技术环节、技术经济指标和经验教训，以供造林技术设计参考。由国家林业局提出的国家标准《造林技术规程》（GB/T 15776—2006），规定了我国不同地区的造林技术要求，也是各地进行造林技术设计的主要依据。

7.3.1 整地设计

整地设计要根据林种、树种不同，视造林地立地条件差异程度，因地制宜地设计整地方式、整地规格等。除南方山地和北方少数农林间作造林需要全面整地外，多为局部整地。在水土流失地区，还要结合水土保持工程进行整地。在干旱地区，一般应在造林前一年的雨季初期整地。通过整地保持水土，为幼树蓄水保墒，提高造林成活率。

整地规格应根据苗木规格、造林方法、地形条件、植被和土壤状况等，结合水土流失情况等作出综合决定，以满足造林需要而又不浪费劳力为原则。

整地时间可以随整随造，也可以提前整地。在土壤深厚肥沃、杂草不多的熟耕地和风沙地区可以随整随造。其他地区应该提前整地，一般是提前1~2个季节，最多不超过一年。提前太早，整地后久置不造林，改善的立地条件又会变坏，杂草重新大量滋生，失去了提前整地的意义。

7.3.2 造林方法设计

设计造林方法是十分重要的一项设计内容，一般应根据确定的林种和设计的造林树种，结合当地自然经济条件而定。目前，我国已大体取得了各主要造林树种造林的经验。例如，一般针叶树以植苗造林为主，一些小粒种子的针叶树种如油松、侧柏等，有时也采取飞播或直播造林。在设计中可充分应用已有的成功经验，切不可千篇一律。

在设计中，对北方干旱山地、黄土丘陵区、沙荒、盐碱地以及平原区造林要根据适用造林树种区别对待。此外，满足机械造林或飞机播种造林条件的地方，可采取机械造林或飞机播种造林方式。

7.3.3 造林密度设计

造林密度应依据林种、树种和当地自然经济条件进行合理设计。一般防护林密度应大于用材林，速生树种密度应小于慢生树种，干旱地区密度可较小一些。密度过大会造成林木个体养分、水分不足而降低生长速度，但密度过小又会造成土地浪费，延迟人工林的郁闭时间。

7.3.4 造林树种组成设计

一般提倡营造混交林，即采用二个或二个以上的树种进行混交。比较小的林班可以设计成纯林，比较大的林班则设计成混交林。设计混交林时要结合林分的培育目的、经营条件、立地条件、树种的生物学特性和轮伐期等因素综合考虑。设计混交林还应该考虑采用适宜的混交方法。株间混交、行间混交、带状混交和块状混交等混交方法的确定要充分考虑主要树种和混交树种的种间关系，保证树种间不存在比较大的相克现象。

7.3.5 造林季节的确定

根据树种的生物学特性和"因地制宜"的原则，结合当地的气候条件综合考虑造林季节，主要在春秋两季造林，部分地区可选择雨季或冬季。

各地栽植的时间，华北低山和平原为3月上中旬至4月上旬；东北地区为4月下旬至5月中旬；西北黄土高原东南部为3月上旬至3月下旬，西北部为3月中旬至4月上旬；新疆北部为3月下旬至4月上旬，南部为3月。

另外，我国西北、华北地区降雨多集中在7~9月，此时天气多连阴雨，土壤含水率高，空气湿度大，针叶常绿树种栽后成活率高。如油松、樟子松、侧柏等适于雨季造林。雨季造林关键在于掌握雨情。不同地区雨季栽植的时间：华北地区为头伏末、2伏初；辽宁西部为2伏至3伏；西北黄土高原为7~8月。

秋季也是造林的好季节，西北、华北、东北地区可在苗木落叶后至土壤冻结前进行，一般在9月下旬至11月上旬。华中、华南地区秋季气温仍较高，主要树种多不在此季节造林。

7.3.6 幼林管理设计

幼林抚育管理设计主要包括幼林抚育、造林灌溉、防止鸟兽危害、补植补种等，其中主要是幼林抚育。在设计时可根据造林地区实际情况，有所侧重和突出。比如，灌溉，如不具备条件可不设计。

(1) 幼林抚育

根据树种特性及气候、土壤肥力等情况拟定具体措施，如除草方法、松土深度、连续抚育年限、每年次数与时间、施肥种类、施肥量等。培育速生丰产林，一般要求种植后连续抚育3~4年，前两年每年2次，以后每年1次；珍贵用材树种和经济林木应根据不同树种要求，增加连续抚育年限及施肥等措施。

(2) 造林灌溉

对营造经济林或经济价值高的树种以及在干旱地区造林，需要采取灌溉措施的，可根据水源条件开渠、打井、引水喷灌或当年挑水浇苗等进行造林灌溉设计。

（3）防止鸟兽危害

造林后，幼苗以及幼树常因鸟兽害而导致造林死亡。因此，除直播造林应设计管护的方法及时间外，在有鼠、兔及其他动物危害的地区造林，应设计捕打野兽的措施。

（4）补植补种

由于种种原因，造林后往往会造成幼树死亡缺苗，达不到造林成活率的要求标准。为保证成活率，凡成活率41%以上而又不足85%的造林地，均应设计补植。对补植的树种、苗木规格、栽植季节、补植工作量和苗木需要量等做出妥善安排。

7.3.7 造林典型设计

造林技术设计通常有两种方式，一种是以造林地块（小班）为单位进行的造林技术设计。另一种是分别不同立地类型进行的造林技术设计。也就是说，把地块不相连接，立地条件基本相同，经营目的一致的小班作为一个类型，以类型为单位进行造林技术设计。这种设计对某一类型来说，体现了因地制宜，对设计本身来说，能起到典型示范作用，所以俗称"典型设计"。前一种方式，适用于局部小面积宜林地的造林设计。由于面积不大，小班数量不多，一般可在造林地小班调查的基础上，按小班进行造林技术设计；造林典型设计则多用于造林地面积较大，小班数量较多的造林技术设计。

典型设计的意义在于，某个立地类型的造林典型设计，适用于这个立地类型中经营目的一致的所有小班，因而不必逐个进行小班造林技术设计，可以大大减少内业设计工作量。典型设计具有条理化、标准化、直观明了、好懂易推行等特点，在我国各地广为应用。

（1）典型设计的编制

典型设计是在立地调查、造林地调查、林种规划、树种选择、各项造林技术及幼林抚育、保护等各项措施调查分析的基础上，综合设计出的一整套造林技术方案。

典型设计一般按立地类型分别进行编制。林种比较复杂的地区，典型设计应分别林种、分别立地类型编制。立地类型、林种及主要造林树种都较简单的地区，可按主要造林树种编制典型设计。不论按哪种方法编制的典型设计，均需依次编号，以利于造林小班应用典型设计时查找方便。

编制的典型设计，一般以表格形式体现，分别项目（造林主要技术环节）提出造林技术措施和规格要求，即典型设计表（表7-2）。有些地区，为便于群众理解、掌握和施工，典型设计除有表格中的文字部分以外，并附以造林图式（图7-2）。

表7-2 造林典型设计表

立地类型	编号	树种	造林时间及方法	混交方式	整地方法	苗木规格	株行距及每亩株数	每亩需苗量	抚育管理

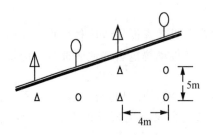

图 7-2　造林配置图式

(2) 典型设计的应用

应用典型设计的方法比较简单。通常按立地类型编制典型设计,因为某一立地类型的典型设计适用于该立地类型中经营目的一致的所有小班,所以,只要套用该立地类型的典型设计,每个小班都可以对号"入座"。但是,也往往会出现同一立地类型的小班可选用不同的典型设计,或者一个典型设计适用于几种立地类型的现象。这样,在施工中就有选择的余地。在设计过程中,可根据小班所处的位置、林种布局,造林树种的比例以及种苗来源等情况,经过综合分析而具体确定。而后,将小班确定采用的典型设计(编号)准确地填写在"造林地小班调查表"(表7-1)相应栏内。造林、经营施工时,某林班的各个小班只要按表 7-1 注记的典型设计编号去找相应编号的典型设计,便可以对号"入座"了。或者,还可以另行编制"造林技术设计一览表"(表7-3),分别林班进行登记。施工时只要带上与施工小班相应的表 7-3 就可以了。至于哪种形式更适用,可结合本地实际情况进行选择。

表 7-3　造林技术设计一览表

小班号	树种	配置方式	混交比例	株行距(m)	每亩株数	每亩需苗量	整地		造林		幼林方式
							方法	规格(cm)	方法	季节	

7.3.8　种苗规划设计

必须做好种苗规划,按计划为造林提供足够的良种壮苗,才能保证造林任务的顺利完成。造林所需种苗规格和数量应根据造林年任务量和所要求的质量进行规划和安排。

7.3.8.1　种苗规划的内容

种苗规划的内容一般有:年育苗面积,其中包括各主要造林树种育苗面积;苗圃规划;产苗量及苗木质量标准;年造林和育苗需种量,其中包括各树种需种量;种子来源及种子质量;母树林和种子园规划等。

在造林规划设计中只进行种苗规划,不进行单项设计。通过种苗规划,为育苗、种子经营以及母树林建设等进行单项设计提供依据。因此，在造林规划设计后，应对种苗生产量做出具体安排。如需要，可进行单项设计。

7.3.8.2 种苗需要量的计算

种苗规划前，必须根据造林规划设计掌握种苗规格质量、分树种造林面积和单位面积所需种苗量。同时，了解当地种子质量，如纯度、千粒重、发芽率等。

(1) 年需苗量

根据年植苗造林面积结合单位需苗量(初植用苗加补植用苗)进行计算。应分别计算年总需苗量和各树种年需苗量。

(2) 年需种量

需种量包括直播造林、飞播造林和育苗所需种子数量。按规划的年直播造林、飞播造林面积及单位面积需种量计算造林年需种子数量，按年育苗面积及单位面积用种量计算育苗用种量。同时，应计算各主要造林树种年需种量和总的年需种量。

7.3.8.3 育苗规划

(1) 育苗面积计算

根据造林规划要求考虑，主要计算每年下种(包括插条)的育苗面积。留床苗面积根据苗木留床年限分别计算。

在计算每年播种育苗面积时，除了解年需苗量外还应调查当地各树种单位面积产苗量，然后计算各树种年播种育苗面积。在计算播种育苗面积时，要考虑增加一定数量的后备面积，以确保满足当年造林需苗量。此外，还应根据各树种苗木培育年限，计算各树种年留床面积和留床总面积。

(2) 苗圃地规划

根据当地自然条件和林业生产水平，规划苗圃地的种类和育苗方式。如固定苗圃、临时苗圃、容器育苗(或工厂化容器育苗)等。一般种类应以临时苗圃为主，它的优点是可以就地育苗、就地造林，避免长途运输，且苗木适应性强，有利于提高造林成活率。对育苗困难的树种或所需苗木规格要求高、临时苗圃不能满足要求时，可以建立固定苗圃，同时加强经营管理。

此外，对苗圃地选择、苗圃地耕作管理以及苗木保护、运输等也应提出规划意见。

7.4 投资概算和预期效果分析

7.4.1 投资概算的概念

投资概算是指在设计说明书(项目计划书)里对投资资金进行说明，以说明项目投资的基本情况。投资概算作为向国家或地方报批投资的文件内容之一，经审批后用以编制固定资产计划，是控制建设项目投资的依据；它依据概算定额或概算指标进行编制，其内容项目较简化，概括性大；概算编制内容包括工程建设的全部内容，如总概算要考虑从筹建开始到竣工验收交付使用前所需的一切费用。

7.4.2 投资概算的内容和方法

7.4.2.1 概算定额

概算定额是依据概算定额编制人工造林投资概算的基础和依据，要严格按照国家林业局即将颁布的"人工造林工程消耗量定额"编制造林概算。"人工造林工程消耗量定额"是以造林立地类型和模式为依托，以造林工序为基础，以造林技术规范为依据，按不同条件所进行的定额调查的基础上完成的技术成果，涉及我国各种立地类型和立地条件，包含了不同气候区下的造林模式。

"人工造林工程消耗量定额"标准涉及人工造林、飞机播种和封山育林的各个技术环节，主要内容包括：

①造林地清理定额；
②整地定额；
③苗木准备定额；
④造林定额；
⑤抚育管理定额。

值得注意的是，"人工造林工程消耗量定额"仅仅提供了人工造林、飞机播种和封山育林等林业生产中人工、机械、材料和工具等指标(分项定额)的消耗量，可按照分项定额和对应的价格计算工程造价。相关指标的价格可根据各造林地区现阶段生产资料物价水平以及劳动力市场情况进行估算，苗木、肥料、种子等生产资料和劳力工价均采用市场咨询价取平均值。

定额概算成果可以参照"年度投资概算表"(见表7-13)的形式填写。

7.4.2.2 概算指标

依据概算指标编制人工造林投资概算。目前比较有指导意义的概算指标标准是2005年国家林业局颁布的《防护林造林工程投资估算指标》(以下简称《指标》，见附件5)，该《指标》解决了防护林造林工程在规划、可行性研究中的造林投资估算问题，也解决了防护林造林工程在核查、竣工验收等方面无章可循的问题。同时，也为按实际需要投资造林提供了可靠的依据，为实现高质量造林提供了可靠的保障。《指标》为各省份制定本省的防护林造林投资标准提供了依据。在人工造林绿化中可以参考其中部分内容并选择使用。

该《指标》的指标体系、技术参数、调整系数等具有可操作性，能够被从事营造林工程活动的管理人员、施工人员、专业技术人员理解和掌握。《指标》的范围涵盖防护林造林工程的各项内容、各个环节和各道工序。《指标》中各项内容、指标体系、技术参数、调整系数等基本做到了定性与定量的科学结合和统一。

(1)指标体系的筛选

指标体系的构成要素是指与造林工程建设紧密结合并要考虑的所有条件和因子。例如，种造林方式、林种、造林模式、造林作业工序与立地条件等。

(2) 指标的标准化

为使投资估算指标满足造林工程对投资估算的要求,指标必须建立在科学性、可操作性、可比性和适用性的基础上,以期通过每一个标准化的指标达到科学测算造林工程投资的目的。因此,要对每一个具体的数字指标进行标准化。例如,人工造林中抚育年限和管护年限的指标,规定南方 3 年,北方 5 年;管护费用指标南北方均为每年 248 元/ hm^2。又如,在飞播造林中规定飞行费每个架次为 5 200 元;调机费每个架次为 4 200 元;飞播作业费每个架次为 15 000 元,等。

(3) 估算指标的建立

通过三个表建立起系统的投资估算指标,这三个表分别是"人工造林投资估算指标表"、"飞机播种造林投资估算指标表"和"封山(沙)育林投资估算指标表"。这三个表解决了全国各地不同条件下的造林投资问题,为造林投资决策提供了可信的依据。

(4) 指标体系的构建

① 指标体系 指标体系由造林方式、林种、立地条件、造林模型和造林作业工序构成。主要技术参数是对指标体系取值范围的具体描述,它规定了各个指标体系的取值范围和方法,明确了应用技术参数的要求。技术参数是指标体系的刚性数据,在取值时不能随意改动。

② 技术参数 《指标》给出了"人工造林主要技术参数""飞播造林主要技术参数"和"封山(沙)育林主要技术参数"。其中,"人工造林主要技术参数"包括有苗木、初植密度、树种混交与比例、林地清理、整地、栽植、未成林抚育管护 7 项技术参数;1 个种子、苗木价格技术参数和 1 个劳动力工价技术参数。

③ 指标的使用与参数调整 《指标》共列出 101 个造林模型的造林投资估算指标,这些模型基本包括了全国主要防护林造林类型,通过这些模型可方便准确地查找出相关造林类型的投资指标。

在不能够涵盖全国所有防护林造林类型的情况下,可在明确技术参数的基础上,通过调整系数对 101 个造林模型中的技术参数进行调整,可实现对全国所有防护林造林类型投资估算指标的查询。调整的条件是,防护林实际造林费用估算值若超出模型费用值 10% 以上,方可允许进行调整。主要调整对象包括初植密度、林地清理、整地、苗木栽植及抚育的 5 项用工定额和一项管护面积。

7.4.3 投资概算案例

现以在东南沿海及热带区浙闽粤沿海丘陵平原类型区的山地及滩涂营造人工防护林工程为例说明人工防护林营造工程的投资概算。项目规模为 1 000 hm^2,其中营造海岸防护林 700 hm^2,水源涵养林和水土保持 200 hm^2,护路林 100 hm^2。在海岸防护林中,100 hm^2 需要施基肥(复合肥)。按以上规模,其造林投资估算如下:根据项目可行性研究方案,按《防护林造林工程投资估算指标(试行)》提供的造林模型,该造林工程采用造林模型 7 个,分别为海岸防护林的模型 2(规模 200 hm^2),模型 3(规模 100 hm^2),模型 5(规模 200 hm^2),模型 8(规模 200 hm^2);水土保持林的水源涵养林的模型 1(规模 100 hm^2),模型 2(规模 100 hm^2),护路林的模型 2(规模 100 hm^2)。其防护林造林工程投资见表 7-

4。由表 7-4 可知,该工程项目的直接工程费用为 963.77 万元。其中,直接造林费用为 947.44 万元,施基肥(复合肥)费用 16.33 万元。包括建设单位管理费、勘察设计费、工程监理费、招投标费和竣工验收费,其他费用按国家有关部委制定的规定和办法中给出的标准和计算方法计算。据此计算得到工程建设其他费用为 92.23 万元。按《林业建设项目可行性研究报告编制规定(试行)》文件中规定的标准计算出该案例基本预备费为 52.80 万元。根据以上计算,该案例总投资即为直接工程费用、工程建设其他费用和基本预备费三项之和为 1 108.80 万元。

表 7-4　东南沿海及热带区 1 000 hm² 人工造林工程案例

项目名称	数量 (hm²)	单价 (元/hm²)	投资估算			
			合计	建安	设备	其他
合计				1 108.80	963.77	
一、直接工程费用				963.77	963.77	
模型 2(海岸防护林)	200	7 969		159.38	159.38	
施肥	100	1 632.5		16.33	16.33	
模型 3(海岸防护林)	100	6 467		64.67	64.67	
模型 5(海岸防护林)	200	18 568		371.36	371.36	
模型 8(海岸防护林)	200	5 432		108.64	108.64	
模型 1(水土保持林)	100	8 163		81.63	81.63	
模型 2(水土保持林林)	100	8 513		85.13	85.13	
模型 2(护路林)	100	7 663		76.63	76.63	
二、工程建设其他费用				92.23		92.23
建设单位管理费	工程费用的 1.50%			14.47		14.47
勘察设计费	工程费用的 4.07%			39.50		39.50
可研咨询费	工程费用的 0.97%			9.60		9.60
设计费	工程费用的 3.10%			29.90		29.90
工程监理费	工程费用的 2.81%			27.09		27.09
招投标费	工程费用的 0.66%			6.35		6.35
竣工验收费	工程费用的 0.50%			4.82		4.82
三、基本预备费	工程费用与其他费用之和的 5%			52.80		52.80

7.5　规划设计文件编制

造林规划设计成果,主要反映在造林规划设计说明书、专题图(土地利用现状图、立地类型图和造林规划设计图)、表格(各种统计表)以及有关专项调查研究报告等方面。

7.5.1　编写造林规划设计说明书

造林规划设计说明书是造林规划设计的主要成果之一,是合理安排生产、指导施工等方面的综合性文件。要求论据充分，文字简练，通俗易懂。造林规划设计说明书的包括以下主要内容。

(1) 前言

简述造林规划设计产生的背景、完成的过程，设计工作所依据的规程、标准、文件和要求等，规划设计人员的组织，工作方法以及存在的问题。

(2) 基本情况

简述造林规划设计地区的地理位置（范围、面积），自然条件（地形、地势、海拔高、主要山脉、河流、水文、气象、地质、土壤、植被分布等）和社会经济情况（总人口、劳动力、耕地面积、粮食产量、群众生活、交通、通讯，林业生产历史及现状和它在当地国民经济中的地位等）。

(3) 区划

简述造林规划设计地区的区划原则、方法和结果。

(4) 立地类型划分

阐明划分立地类型的依据及所划分的立地类型。要求用表格和文字加以详细说明。

(5) 造林技术设计

从技术层面论证造林技术的科学性、合理性。造林技术设计主要从造林整地、造林密度、造林树种组成、混交比例、造林季节、造林方法、幼林抚育管理、幼林保护等方面进行阐述，表达的方式可以用文字、图表、表格等。一般以立地类型为单位，采用造林典型设计进行技术设计。

(6) 造林总工作量及年度施工任务量安排

阐明该造林区总造林面积以及任务分解。阐明各宜林地要落实的造林面积，各树种的造林面积，各立地类型的造林面积，以及各林班、小班或者各乡、镇、自然村的造林面积。另外，要说明造林预计在未来几年内完成，并说明起止年月。造林任务不能在一年完成的，应说明计划造林的年份及每年的造林面积。

(7) 种苗需要量及年度育苗量

说明完成该项造林任务共需要的苗木种类、数量和规格，并详细说明每个造林年份或每个林班、小班所需要的苗木的种类、数量和规格。如果通过市场采购无法保证造林需要，则要说明具体的育苗计划，阐明提前育苗的时间和每年的育苗面积、育苗树种或种类、育苗数量及规格。

(8) 按生产环节说明用工量和总用工量

阐明各年度育苗、整地、造林和幼林抚育四个环节用工量。

(9) 投资概算

阐明完成该项造林任务的总投资。详细说明各年度用于育苗、整地、造林和幼林抚育四个环节的投资额。

(10) 预期效果分析

客观说明实施造林项目所带来的综合效益，最好用数字估量项目带来的经济效益和生态效益，宏观分析其社会效益。

7.5.2 编制表格

造林规划设计成果中的表格可根据调查规划的广度和深度而有所变化。在造林规划地区进行全面区划、调查的森林资源方面的调查结果,应按国家林业局 2006 年制定的《造林技术规程(GB/T 15776—2006)》中的有关要求制表、填写并统计;假如在造林规划设计地区内只进行宜林地的区划、调查,则可按当地有关部门要求的表格形式和内容进行统计。以下是几种常用的表格(表 7-5 至表 7-13)。

表 7-5 造林地面积统计表

单位 \ 宜林地种类	面积合计	荒山	荒地	退耕地	…	…

表 7-6 造林地立地类型面积统计表

单位 \ 立地类型代号	面积合计	Ⅰ	Ⅱ	…	…	…

表 7-7 宜林地造林规划表

单位	小班号	面积	林种	造林类型设计代号	树种	年需要种苗量		总需种苗量		计划造林年代	备注
						苗木	种子	苗木	种子		

7.5 规划设计文件编制

表 7-8 年度造林任务规划表

单位	林种	年度	合计	树 种						备注
				油松	侧柏	刺槐	…	…	…	

表 7-9 苗木需要量核算

单位	年度	年度	树 种							备注
			合计	油松	侧柏	刺槐	…	…	…	

表 7-10 年度育苗面积规划表

单位	年度	面积	播 种					插 条					备注
			合计	油松	侧柏	…	…	合计	杨树	柳树	…	…	

表 7-11 年度种子种条需要量核算表

单位	面积	播 种					插 条					备注
		合计	油松	侧柏	…	…	合计	杨树	柳树	…	…	

表 7-12　年度用工概算表

单位	年度	用工总计	育苗			整地			造林			幼林抚育			其他
			面积	亩用工	用工合计	面积	亩用工	用工合计	面积	亩用工	用工合计	面积	亩用工	用工合计	

表 7-13　年度投资概算表

单位	年度	投资总计	育苗			整地			造林			幼林抚育			其他
			面积	亩投资	投资合计	面积	亩投资	投资合计	面积	亩投资	投资合计	面积	亩投资	投资合计	

7.5.3　绘制专题图

土地利用现状图、造林地区立地类型图、造林规划设计图等，是造林规划设计成果的图件记载和规划设计文件重要的组成部分。根据这些图件，对宏观了解造林地区的林业自然资源，科学实施造林工程有重要的作用。因此，依据外业调查资料的统计和内业设计绘制而成各种专业图的质量直接影响到规划设计的质量高低。

土地利用现状图的绘制方法参见第 4 章，立地类型图的绘制参见第 5 章，造林规划设计图的绘制参见第 8 章。

本章小结

造林规划设计是根据自然规律和经济规律，在对宜林荒山、荒地及其他绿化用地进行调查的基础上，编制科学、实用的整套造林规划和造林技术设计方案。其任务一是制定造林总体规划方案，为各级领导部门制定林业发展计划和林业发展决策提供科学依据；二是提供造林设计，指导造林施工，加强造林科学性，保证造林质量，提高造林成效。林种规划与树种选择是造林技术设计的核心。

造林规划设计包括造林地规划、造林技术设计和种苗规划等内容。造林技术设计是在立地调查、造林地调查、林种规划、树种选择、各项造林技术及幼林抚育、保护等各项措施调查分析的基础上，综合设计出的一整套造林技术方案。其主要内容包括造林地整地、造林密度、造林树种组成、造林季节、造林方法和幼林抚育等。造林典型设计是造林技术设计的核心，是以不同立地类型进行的造林技术设计，常用文字、表格和造林图式等形式体现。造林地规划应符合当地综合农业规划和林业区划的要求，兼顾农业资源的充分利用和林业的可持续发展。种苗规划要首先考虑使用当地苗木。造林规划设计成果主要用造林规划设计说明书、专题图（土地利用现状图、立地类型图和造林规划设计图）及各种统计表来表达，书写应规范。

参考文献

陈景和. 2010. 造林工程投资估算指标体系设计与实践[J]. 山东林业科技, 05: 62 - 63, 68.

广州市质量技术监督局. 2013. DBJ440100/T 11 - 2013 造林建设工程造价编制规范[S]. 广州市质量技术监督局.

国家林业局. 2009. 防护林造林工程投资估算指标（试行）[M]. 北京: 中国林业出版社.

何茜, 苏艳, 李吉跃, 陈红跃. 2011. 森林培育学本科教学实习优化模式研究[J]. 中国林业教育, 05: 23 - 25.

刘明. 2010. 防护林造林工程投资估算指标体系研究[J]. 防护林科技, 02: 62 - 64.

刘平, 王玉涛, 刘明国, 等. 2012. 基于系统科学理论的《森林培育学》教学模式优化[J]. 中国科技信息, 19: 127, 129.

刘勇, 李国雷, 吕瑞恒, 等. 2010. 关于加强森林培育学理论研究的探讨[J]. 世界林业研究, 03: 64 - 68.

马文仁. 2012. 教学型大学转型策略中的学科建设研究[D]. 浙江工业大学.

梅, 黄宝灵, 潘晓芳, 王凌晖, 黄晓露. 2012. 对森林培育实验实践教学的思考与探讨[J]. 教育教学论坛, 14: 178 - 180.

王乃江, 赵忠, 王娟娟. 2011. 西北农林科技大学"森林培育学"课程建设措施与成效[J]. 中国林业教育, 06: 64 - 67.

王希群. 2012. 中国森林培育学的110年——纪念中国林科创基110周年[J]. 中国林业教育, 01: 1 - 7.

邢世岩. 2012.《森林培育学》课程建设的经验与成效[J]. 教育教学论坛, 09: 84 - 86.

邢世岩. 2012. 山东农业大学《森林培育学》课程建设的特色及成果[J]. 教育教学论坛, 09: 243 - 244.

叶彦辉, 韩艳英. 2011. 真实性评价在森林培育学课程中的应用[J]. 科技风, 24: 191, 228.

沈国舫, 翟明普. 2012. 森林培育学[M]. 2版. 北京: 中国林业出版社.

张斌, 王利宝. 2012. 森林培育学课堂教学模式改革探讨[J]. 中南林业科技大学学报（社会科学版）, 05: 144 - 146.

张明明. 2012. 苗圃规划设计理论和技术的研究[D]. 北京林业大学.

张余田. 2007. 森林营造技术[M]. 北京: 中国林业出版社.

中华人民共和国林业局. 2006. GB/T 15776 - 2006 造林技术规程[S]. 北京: 中国质检出版社.

第 8 章

森林健康评价及经营作业设计

【本章提要】森林健康是森林作为一个结构体,保持自身良好存在和更新并发挥必要的生态服务功能的状态和能力。从可持续发展的角度,可以用森林维持其可持续发展的指标,提供生态和社会服务功能的指标对森林的健康状况作出评价。本章在"十一五"研究成果的基础上,从评价指标的选择、样地调查、评价构建等三个方面介绍了陕西省渭北黄土高原森林健康评价的基本方法,并阐述了森林健康经营的作业类型、经营方式以及森林作业设计文件的编制方法。

森林健康是森林生态系统能够维持其多样性和稳定性,同时又能持续满足人类对森林的自然、社会和经济需求的一种状态,是实现人与自然和谐相处的必要途径。健康的森林并不是简单的没有病虫害、枯立木、濒死木,而是能自我维持在一定的活力水平,维护健康森林中的食物链和生物多样性、保持森林结构的稳定。

8.1 森林健康评价

森林的健康评价可从不同的角度和层面去考虑。从"森林不但要能够长期可持续发展,又能发挥其生态和经济功能"的角度出发,森林健康评价指标体系应包括两部分,即森林维持其可持续发展的度量指标,与提供生态和社会服务功能的度量指标。如果排除经营者对森林的功利化需求,仅从森林自身持续发展的角度考虑,森林的健康则应从其自身结构(O)、活力(V)和稳定性(R)等方面去评价。

8.1.1 评价指标的遴选

8.1.1.1 评价指标遴选的原则

从维持人工林持续发展目标出发,评价指标体系的构建应遵循以下三个原则:

①系统性　围绕林分结构、活力和稳定性等方面系统构建评价体系。
②灵敏性　评价指标能够深刻和实时地反映林分的生长发育状况及存在的风险。
③实用性　评价因子不宜过于复杂和繁多，且在野外能够使用常规计测工具或仪器测定和测量，便于指导经营和在生产实践中应用。

8.1.1.2　评价指标的类别

在森林健康评价中，常用的评价指标涉及森林的结构、活力和稳定性等三类因子。

(1) 森林结构因子

主要包含空间结构和非空间结构两个方面的内容。

①空间结构　包括林木空间分布格局、混交形式、大小分化等，常用的指标有冠层厚度、冠幅大小、冠高比、林龄结构、胸径结构、郁闭度、密度、群落层次、灌草盖度、凋落物厚度等。

②非空间结构　包括林木个体结构、物种多样性和物种丰富度，常用的指标有植物组成、平均胸径、径级、平均树高、优势木高、物种多样性指数、枝下高、灌木高度、草本高度、干形、灌木地径、林分起源、灌草丰富度、更新层丰富度等。

(2) 森林活力因子

森林活力指森林活立木生长与更新的能力。涉及林分的生物量、生长量和自然更新能力等。常用的评价指标有林分蓄积量、林分生物量、叶面积指数、树高年生长量、胸径年生长量、林分蓄积生长量、年凋落物量、植株结实状况、枯立木数量、枯梢率、幼苗幼树更新状况等。

(3) 森林稳定性因子

森林稳定性指的是林分抵抗外界干扰的能力。包括林分抗病虫害的能力和抗气象灾害的能力两个方面。评价中常使用的稳定性指标有病虫害状况、火险等级、有害昆虫与天敌数量、自然灾害发生程度、林分易燃指数、风倒木数量、雷击木数量、病虫害发生面积、污染程度等。

8.1.1.3　评价指标的遴选

评价指标遴选的方法主要有两类，即应用于复杂生态系统的指标体系法和用于简单生态系统的指示物种法。前者综合了生态系统的多项指标，如从森林生态系统的结构、活力和稳定性等三个方面来度量森林生态系统健康状况，包括专家咨询法、归类法、系统法、复合结构功能指标法等；后者主要是根据生态系统的关键物种、特有物种、指示物种、濒危物种等的数量、生产力及其一些结构指标和功能指标来评判生态系统的健康状况。

8.1.2　森林健康状况调查

森林健康状况调查是专项森林调查，属于三类调查，是为满足森林健康评价及其经营作业设计而进行的调查。

(1) 作业区的确定

参照森林资源规划设计调查成果，以中、幼龄林为对象，按照相对集中的原则，在全面踏查的基础上，合理确定作业区。

(2) 作业小班区划

在确定的作业区中，以二类调查区划小班为基础，根据立地、树种及林分类型区划小班。

(3) 小班调查

采用标准地调查法，根据小班森林资源分布状况典型或机械布设标准地，每个标准地面积一般为 $0.1hm^2$，标准地总面积应不小于作业小班面积的 2%。在标准地内，按照健康评价因子逐项进行调查(附表 8-1)。

8.1.3 森林健康评价

森林健康与否是一个相对的概念，可作为一个模糊的问题来处理，采用模糊综合评价法。即应用模糊变换原理和最大隶属度原则，通过对影响森林健康的各个因素综合考虑，对森林的健康状况做出科学地评价。具体步骤如下：

8.1.3.1 构建评价指标体系

将评价指标体系设计为复合层次结构，构建目标层(A)、准则层(B)和指标层(C)：

$$A = (B_1, B_2, B_3), B_i = (C_{i1}, C_{i2}, \cdots, C_{im})$$

式中，C_{im} 表示为第 i 准则层下的第 m 个具体指标(图 8-1)。

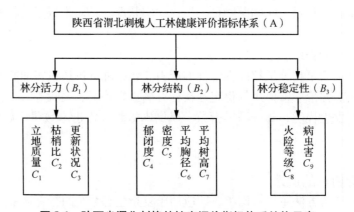

图 8-1 陕西省渭北刺槐林健康评价指标体系结构示意

8.1.3.2 确定各层权重值

权重值包括准则层相对于目标层的权重集 W_B 和指标层相对于准则层的权重集 W_C。即

$$W_B = (W_{B1}, W_{B2}, W_{B3}), W_C = (W_{C1}, W_{C2}, W_{C3}), W_{Ci} = (W_{Ci1}, W_{Ci2}, \cdots, W_{Cim})$$

式中，im 表示第 i ($i = 1, 2, 3$) 个准则层所含的指标数为 m 个，常用 Delphi–AHP（层次分析）法确定权重值。

8.1.3.3 确定评价等级

一般将森林的健康状况划分为三个等级：健康、亚健康和不健康。可用隶属度函数法确定各等级的界限值。

隶属度表示模糊集合中每一个元素对模糊集合的隶属程度,一般可用隶属函数的形式来表示。则第 m 个指标对三个等级的隶属度函数如下:

$$\mu_{m1} = \begin{cases} 1 & x \geq b \\ \dfrac{x-a}{b-a} & a < x < b \\ 0 & x \leq a \end{cases}$$

$$\mu_{m2} = \begin{cases} 0 & x \geq 2b - a \\ 1 - \dfrac{x-b}{b-a} & b < x < 2b - a \\ 1 & a \leq x \leq b \\ 1 - \dfrac{a-x}{b-a} & 2a - b < x < a \\ 0 & x \leq 2a - b \end{cases} \quad (8\text{-}1)$$

$$\mu_{m3} = \begin{cases} 1 & x \leq a \\ \dfrac{b-x}{b-a} & a < x < b \\ 0 & x \geq b \end{cases}$$

式中,$2a-b$,a,b,$2b-a$ 表示第 m 个指标健康等级界限值。

建立隶属度矩阵 R:

$$R = (R_1, R_2, R_3)^T \quad R_i = \begin{Bmatrix} r_{i11} & r_{i12} & r_{i13} \\ r_{i21} & r_{i22} & r_{i23} \\ \cdots & \cdots & \cdots \\ r_{im1} & r_{im2} & r_{im3} \end{Bmatrix} \quad (8\text{-}2)$$

式中,R_i 为第 i 个准则的隶属度矩阵($i = 1, 2, 3$),im 表示第 i 个准则所含的指标数为 m 个。

8.1.3.4 森林健康评价

(1) 数据标准化

将野外调查数据进行归纳处理,对指标数据进行标准化处理。标准化公式为:

$$X = X_i / X_{max} \quad (8\text{-}3)$$

式中,X 为标准化后值;X_i 为指标的实际值;X_{max} 为该指标中最大值。

一般来讲,评价指标需分为 3 类:①正相关指标。指标健康得分值越高,该指标健康程度越高,如立地质量、平均树高、平均胸径等。②负相关指标。指标健康得分值越高,该指标健康程度反而越低,如病虫害、枯梢比等。③双向指标。指标健康得分在某一区间时,该指标健康程度为最佳,随着指标的升高或降低,该指标的健康程度降低,如郁闭度等。由于双向指标在本试验中影响不大,仍然使用公式(8-3)的处理方式进行处理。负相关指标则使用公式 $X' = 1 - X$ 进行转换。

(2) 建立评价模型

在调查数据标准化和权重计算的基础上,按照下列公式构建评价模型:

$$HI = \sum_{Bi=1}^{3} W_{Bi} \sum_{Ci=1}^{n} W_{Ci} X_{Ci} \tag{8-4}$$

式中,HI 为森林健康指数;W_{Bi} 为 B 层 B_i 因子权重;W_{Ci} 为 C 层 C_i 指标权重;X_{Ci} 为 C 层 C_i 指标标准化值。

指标层单个指标健康度贡献值计算公式为:

$$H_i = W_i \times X_i \tag{8-5}$$

式中,H_i 为 C_i 指标健康指数;W_i 为 i 指标权重;X_i 为 i 指标标准化后的值。

8.2 陕西省渭北黄土高原刺槐林健康评价

8.2.1 评价因子的遴选

黄土高原由于特殊的气候、地貌和土壤条件,生态系统十分脆弱。维持现有人工林生态系统的持续发展是经营管理的基本目标。因此,该地区的森林健康评价应着眼于森林的持续发展潜力。根据评价指标遴选原则,在吸收和借鉴国内外森林生态系统健康研究新成果的基础上,采用复合结构功能指标法,从林分结构(O)、活力(V)和稳定性(R)三个方面着手,在众多的指标中遴选出地位指数、枯梢比、天然更新状况、郁闭度、密度、平均胸径、平均树高、火险等级、病虫害程度等九个指标(图 8-1)。采用并结合 Delphi – AHP 法计算各评价指标的权重(表 8-1)。

表 8-1 陕西省渭北黄土高原刺槐林健康评价体系及权重

目标层 A	准则层 B	指标层 C	幼龄林	中龄林	成熟林	过熟林	显著性检验
健康评价指标体系	活力指标 B_1	立地质量 C_1	0.03	0.15	0.09	0.07	0.007
		枯梢比 C_2	0.05	0.16	0.02	0.13	0.003
		天然更新状况 C_3	0.13	0.10	0.14	0.14	0.035
	结构指标 B_2	郁闭度 C_4	0.15	0.07	0.08	0.05	0.049
		密度 C_5	0.15	0.13	0.06	0.08	0.000
		平均胸径 C_6	0.15	0.05	0.22	0.02	0.019
		平均树高 C_7	0.13	0.06	0.09	0.23	0.003
	稳定性指标 B_3	火险等级 C_8	0.06	0.06	0.07	0.04	0.003
		病虫害程度 C_9	0.15	0.22	0.19	0.24	0.002

8.2.2 健康等级划分

采用聚类分析的方法,对林分的健康度值(HI)进行聚类,根据聚类中心划分不健康与亚健康的分界值。根据聚类结果,可将陕西省渭北黄土高原刺槐人工林分为三类(表 8-

2)。健康林分(Ⅲ)，表明林分处于健康状态，具有良好的持续发展潜力；亚健康林分(Ⅱ)，表明林分处于亚健康状态，其持续发展存在障碍因子，应通过及时抚育解除这些因子，使林分恢复健康状态；不健康林分(Ⅰ)，说明林分处于不健康状态，存在多项障碍因子，即使通过抚育也很难恢复到健康状态。

表8-2　渭北黄土高原刺槐人工林健康等级划分

健康等级	不健康(Ⅰ)	亚健康(Ⅱ)	健康(Ⅲ)
幼龄林	$HI \leq 0.40$	$0.40 < HI < 0.88$	$HI \geq 0.88$
中龄林	$HI \leq 0.52$	$0.52 < HI < 0.76$	$HI \geq 0.76$
成熟林	$HI \leq 0.55$	$0.55 < HI < 0.73$	$HI \geq 0.73$
过熟林	$HI \leq 0.48$	$0.48 < HI < 0.71$	$HI \geq 0.71$

8.2.3　健康评价结果

对地处陕西省渭北3个县刺槐人工林健康评价的结果表明，处于健康状况的林分占45.2%，亚健康占42.9%，不健康占11.9%，整体状态不容乐观，急需进行健康经营抚育。从龄级角度出发，幼龄林和中龄林的健康状况优于成熟林和过熟林。幼龄林中不健康林分占7.6%，亚健康林分占46.2%，健康林分占46.2%；中龄林不健康林分占样地总数的6.8%，亚健康林分占40.9%，健康林分占52.3%；成熟林中不健康林分占23.1%，亚健康林分占46.2%，健康林分占30.7%；过熟林不健康林分占21.4%，亚健康林分占42.8%，健康林分占35.8%。

8.3　经营作业设计

根据林分健康评价结果，经营作业对象是处于亚健康和不健康状态的中幼龄林。要根据森林健康的障碍因子设计经营作业的技术措施。经营作业设计以作业小班为单位进行，简易作业道等辅助设施按作业区进行设计。在设计时要明确需采取的经营作业类型和作业方式，明确各种抚育指标，包括抚育面积、抚育强度、采伐蓄积量、出材量等以及相应的工程量、用工量、进度安排、费用概算等。完善辅助设施，包括必要的作业道、集材道、临时楞场、临时工棚等。

8.3.1　经营作业类型

参照国家林业局《中幼龄林抚育补贴试点作业设计规定》，森林经营作业包括抚育间伐、定株修枝、除草割灌、抚育区内简易道路修建维护、抚育材集运、抚育剩余物处理、林地清理等活动，以形成稳定、健康、丰富多样的森林群落结构、提高森林质量、林地生产力和综合效益为原则，优先抚育密度过大、结构不良、森林质量和生态功能明显下降的林分。

人工林经营作业类型主要有抚育间伐、定株修枝、除草割灌、抚育区内简易道路修建维护、抚育材集运、抚育剩余物处理、林地清理等。抚育间伐包括透光伐、生态疏伐、生长伐和卫生伐。

8.3.2 经营作业方式

(1) 抚育间伐

抚育作业后，人工林郁闭度不得低于0.6，天然林郁闭度不得低于0.5，林分平均胸径不得低于伐前林分平均胸径。

①透光伐　在幼龄林中进行。按照确定的保留株数，间密留疏，去劣留优，保留珍贵树种和优质树木，调整林分结构。

②生态疏伐　在特用林和防护林的中龄林中进行。按照有利于林冠形成梯级郁闭、主林层和次林层立木都能受光的要求，将林木分为优良木、有益木和伐除木。保留优良木、有益木和适量的灌木。对风景林的景观疏伐，按《生态公益林建设技术规程》(GB/T 18337.3—2001)中的5.2.1.2.4条规定执行。

③生长伐　在用材林的中龄林中进行。采用上层抚育、下层抚育、综合抚育等方式，伐除影响保留木生长的树木，具体技术执行《森林抚育规程》(GB/T 15871—2009)中的8.1~8.5条规定。

④卫生伐　主要对遭受病虫害、风折、风倒、冰冻、雪压、森林火灾等灾害的林分开展，清除生态功能明显降低的被害木。

(2) 定株修枝

主要在自然整枝不良、通风透光不畅的林分中进行。一般采取平切法，重点针对枝条、死枝过多的林木。修枝高度：幼龄林不超过树高的1/3，中龄林不超过树高的1/2。

(3) 除草割灌

在下木生长旺盛、与林木生长争水争肥严重的中幼龄林中进行。采取机割、人割等不同方式，清除妨碍树木生长的灌木、藤条和杂草等。作业时，注重保护珍稀濒危树木，以及有生长潜力的幼树、幼苗，以有利于调整林分密度和结构。

(4) 抚育材及抚育剩余物处理

抚育材及抚育作业剩余物应按照森林病虫害防治、森林防火、环境保护等的要求，采取堆集、平铺或运出等适当方式予以处理。

(5) 简易作业道修建维护

根据抚育作业需求，修建简易的集材道、作业道、临时楞场，密度、布局和技术要求参照《森林采伐作业规程》(LY/T 1646—2005)等规定执行。

8.3.3 种苗需求量设计

根据树种配置与结构、株行距及造林作业区面积计算各树种的需苗(种)量，落实种苗来源。

8.4 作业设计文件编制

8.4.1 用工量测算

根据作业区面积、辅助工程数量及其相关的劳动定额,计算用工量,结合施工安排测算所需人员与劳力。

8.4.2 工程进度安排

根据季节、种苗、劳力、组织状况做出施工进度安排。

8.4.3 经费预算

经费分苗木、物资、劳力和其他等四大类计算种苗费用按需苗量、苗木市场价、运输费用测算。物资、劳力以当地市场平均价计算(见第6章6.2)。最后填写"经营作业经费预算表"(表8-3)。

表 8-3 经营作业经费预算表

序号	项目	计算说明	数量	单位	计算指标	指标组成			经费预算				
						…	…	…	种苗	物资	劳力	其他	合计
合计													

8.4.4 经营作业设计图制作

经营作业设计图应注明小班位置、边界、小班号、目的树种、面积、郁闭度等主要设计内容,比例尺不小于1:10 000。设计图要能满足发包、承包、施工、工程监理、结算、竣工验收、造林核查等的需要,包括作业设计总平面图、造林图式和辅助工程单项设计图三大类。具体制作方法如下。

(1) 作业设计总平面图

图素包括明显的地物标(道路、河道、溪流、沟渠、桥梁、涵洞、独立屋、孤立木等)、边界、辅助工程的布设及苗木栽植位置。树种(草种)简单、株行距固定的造林作业区,总平面图上可以不标示苗木栽植的具体位置,但要标示行带的走向。作业设计总平面绘制在 A4 或 A3 打印纸上。作业设计总平面图成图比例尺见表 8-4,比例尺最小为 1:10 000。

表 8-4 作业设计总平面图成图比例尺

作业区面积		比例尺
公顷	亩	
<0.5	<7.5	<1:500
0.5~2	7.5~30	1:500~1 000
2~10	30~150	1:1 000~1 500
10~30	150~450	1:1 500~2 000
30~60	450~900	1:2 000~2 500
60~100	900~1 500	1:2 500~3 000
100~150	1 500~2 250	1:3 000~4 000
150~250	2 250~3 750	1:4 000~5 000
250~400	3 750~6 000	1:5 000~6 000
>400	>6 000	1:6 000~10 000

(2) 作业图式

包括栽植配置平面图、立面图、透视图、鸟瞰图(效果图)以及整地样式图(平面图、立面图)。栽植配置平面图表示水平方向上乔木、灌木、草本及藤本植物在地面上的配置关系,栽植材料的水平投影以成林后的树冠、植丛状态为准。栽植配置立面图表示成林后与行带走向相垂直的剖面结构。行带走向与等高线垂直,断面图不能同时表示行带的垂直结构与地形关系时,可用三维立体透视图表示。以上三种栽植配置图均要注记反映栽植材料空间关系的尺寸,尺寸单位为 m,精确到 0.1m。鸟瞰图(效果图)与透视图相似,反映成林后的效果,通常为彩色图,可以不注记尺寸。整地样式图表示整地穴的形状和大小。

造林图式应绘制二种以上,以保证设计人员不在场的情况下,其他人员按图式作业不会产生歧义。其中栽植配置平面图与立面图为必备图式,其他为可选图式。

(3) 辅助工程单项设计图

按照相关国家标准和行业标准绘制单项辅助工程设计图。

8.4.5 编写作业设计文件

(1) 作业设计文件组成

作业设计文件由作业设计说明书、作业设计图和调查设计系列表组成。

(2) 作业设计文件汇总

填写作业设计文件一览表。文件要装订成册。资料装订的顺序依次为作业设计审批文件、作业设计说明书、作业设计汇总表、作业设计一览表、作业区位置示意图、调查设计表、作业设计图。

作业设计文件由项目实施单位的上一级林业主管部门负责审批。作业设计审批文件报省级林业主管部门备案。作业设计一经审批,不得随意改动;确需改动的,须经原审批部门同意。

本章小结

森林健康是森林生态系统能够维持其多样性和稳定性，同时又能持续满足人类对森林的自然、社会和经济需求的一种状态，是实现人与自然和谐相处的必要途径，可以从"既能可持续发展，又能发挥生态和经济功能"的角度对森林健康状况作出评价。

模糊综合评价是一种较为直观的评价方法，这种方法能得到量化的评价结果。在构建评价指标体系时要考虑到森林结构、森林活力状况和林分抗干扰能力，用层次分析法确定各个评价指标的权重。在样地调查前，要确定作业区，以小班为单位进行样地调查。

在陕西省渭北黄土高原宜用地位指数、枯梢比、天然更新状况、郁闭度、密度、平均胸径、平均树高、火险等级、病虫害程度等9个指标对刺槐林进行健康评价，不同林龄的刺槐林分为健康、亚健康和不健康三个等级。对于处于亚健康和不健康状态的中幼龄林有必要进行健康经营作业。经营作业类型和内容主要有抚育间伐、定株修枝、除草割灌、抚育区内简易道路修建维护、抚育材集运、抚育剩余物处理、林地清理等，经营作业方式有抚育间伐、定株修枝、除草割灌等。编制作业设计文件前要测算用工量，安排工程进度，并进行工程预算和绘制经营作业设计图，最后编写作业设计文件。

附表 8-1　森林健康调查样地总表

一般情况		
样地号： 日期： 调查人：		地理位置： 海拔(m)：
样地描述		
植被类型：		坡向：
冠高(m)：		坡度(°)：
样地面积(m²)：		地形
土壤类型：		外界干扰：
总盖度：		
乔木郁闭度：		生境概况：
灌木盖度：		其他：
草本盖度：		
林相图	纵：	
	横：	

附表 8-2　林分调查表

样方编号：　　　　样方面积：　　　　地点：　　　　　　　　第　　页
群落名称：　　　　海拔高度：　　　　坡向：　　　坡度：　　　坡位：

编号	树种名称	树龄	胸径	基径	树高	枝下高	冠幅	生活力	物候	病虫害
1										
2										
3										
4										
5										
6										
7										
8										
9										
10										
11										
12										
13										
14										
15										
16										
17										
18										
19										
20										
21										
22										
23										
24										
25										
26										
27										
28										

附表8-3 幼苗、草本样方调查表

样地号：　　　样方大小：　　　地点：　　　植物群落名称：　　　调查日期：　　　调查人：

幼苗、草本名称	高度(cm)		地径(cm)		冠幅(cm)		多度	盖度	频度	重要值	生活力	物候期	病虫害
	最高	平均	最高	平均	最高	平均							

注：多度指离开地面时个体数。

附表 8-4　样地植被调查因子汇总表

样地号	乔　木						灌木平均高（m）	更新树种（株/hm²）
	树种组成	平均胸径（cm）	平均高（m）	蓄积量（m³）	郁闭度	株数密度（株/hm²）		

附表 8-5 土壤剖面调查记录表

剖面编号：_____ 地点：_____
经度：_____ 纬度：_____ 林分类型：_____
裸岩比：_____

剖面位置图	

大区地形：_____ 小区地形：_____
坡向和坡度：_____ 海拔高度：_____
母岩种类：_____ 母质类型：_____
地面侵蚀情况：_____
地下水位深度及地表水情况：_____
土地利用情况：

枯落物层厚度：_____ 半分解层厚度：_____ 未半解厚度：_____

苔藓厚度：_____ 苔藓盖度：_____

调查日期：_____ 天气：_____ 第____页

剖面编号：_____ 地点：_____ 经度：_____ 纬度：_____
调查日期：_____ 调查人：_____ 天气：_____

（续）

土壤剖面形态记录							
深度(cm)							
土层代号							
颜色							
结构							
湿度							
质地							
紧实度							
新生体							
侵入体							
碳酸盐反应							
pH 值							
根量(根形态、根密度)							
石砾含量							
层次过渡情况							
剖面综合特征：							
采样记事(样本种类、采集深度、数量等)							
土壤定名：							
备注：							

参考文献

王兵，郭浩，王燕，等.2007.森林生态系统健康评估研究进展[J].中国水土保持科学,5(3):114-121.

李静锐,2007.森林生态系统健康评价指标体系的建立[J].水土保持研究,6(3):173-177.

李杰，宁杨翠，郑小贤.2013.金钩岭林场杨桦次生林健康评价研究[J].西北林学院学报,28(2):191-195.

谷建才，陆贵巧，白顺江.2006.森林健康评价指标及应用研究[J].河北农业大学学报,29(2):68-72.

谷建才.2006.华北土石山区典型区域主要类型森林健康分析与评价[D].北京林业大学,14-31.

马安平.2005.对实施森林健康工作的一些探讨[J].陕西林业科技(3):75-77.

刘康,陈一鹗,1989.渭北黄土高原区刺槐人工林群落生物生产力的研究[J].西北植物学报,9(3):197-201.

刘恩田，赵忠，宋西德，等.2010.渭北黄土高原刺槐林健康评价指标体系的构建[J].西北农林科技大学学报,38(10):67-75.

肖风劲，欧阳华，傅伯杰.2003.森林生态系统健康评价指标及其在中国的应用[J].地理学报,58(6):803-809.

孔红梅，赵景柱，马克明，等.2002.生态系统健康评价方法初探[J].应用生态学报,13(4):486-490.

国家林业局.2010.关于印发《森林抚育补贴试点管理办法》和《中幼龄林抚育补贴试点作业设计规定》的通知.

张秋根，王桃云，钟全林.2003.森林生态环境健康评价初探[J].水土保持学报,17(5):16-18.

张建军，贺维，纳磊.2007.黄土区刺槐和油松水土保持林合理密度的研究[J].中国水土保持科学,5(2):55-59

张晶晶，赵忠，宋西德，等.2010.渭北黄土高原人工刺槐林植被多样性动态[J].西北植物学报,30(2):2490-2496.

章伶俐，刘义，李景文，等.2009.北京地区蒙古栎林生态系统健康评价指标体系研究[J].林业资源管理(1):54-59.

彭建，王仰麟，吴健生，等.2007.区域生态系统健康评价:研究方法与进展[J].生态学报,27(11):4877-4885.

郭秋菊，王得祥，保积存.2013.秦岭火地塘林区锐齿栎林健康状况评价与重要影响指标分析[J].西北林学院学报,28(1):19-25.

耿兵，王华田.2013.刺槐萌生林与实生林的生长比较[J].中国水土保持学报,11(2):59-64.

康博文，刘建军，侯琳，等.2006.延安市城市森林健康评价[J].西北农林科技大学学报(自然科学版),34(10):81-86.

Bertollo P. 1988. Assessing ecosystem health in governed landscapers: A framework for developing core indicators [J]. Ecosystem health(4):33-51.

Costanza R, Norton B G, Haskell B D. 1992. Ecosystem Health: New Goals for Environmental Management[M]. Washington DC: Island Press.

Paul A M. 2002. Managing for forest health [J]. Journal of Forestry, 100(7):24-27.

Schaeffer D J, Henricksee, Kerster H W. 1988. Ecosystem health: Measuring ecosystem health[J]. Environment Management, 12:445-455.

第 9 章 计算机辅助造林(经营)作业设计

造林(经营)作业设计是一项涉及面广、工作量大、计算繁杂、技术性强的工作。各项数据的汇总计算、各种表格的编制和各种林业专题图件的绘制,采用手工的方法费工费时,规划设计人员的许多精力和时间耗费在繁琐的数字计算和专题图的绘制上,不利于集中精力考虑规划设计的科学性和合理性,且容易出错。随着计算机技术在林业上日益普及和应用,将计算机技术与林业科学相结合,探索造林(经营)作业设计的新方法,提高造林(经营)设计的工作效率和质量成为林业工作者追求的目标,计算机辅助造林(经营)设计应运而生。

9.1 造林(经营)作业设计 CAD 系统 XL1.0

造林(经营)作业设计 CAD 系统 XL1.0[简称造林(经营)设计系统]充分考虑了目前黄土高原地区林业基层单位的管理水平和计算机技术的普及程度,具有功能完善、操作简单、费用低的特点。它不仅能够满足林业基层单位造林(经营)作业设计工作需要,而且可用于省、市、县等林业生态工程项目施工信息的管理工作。

9.1.1 系统设计的原则与功能

(1)系统建立的目标

造林(经营)作业设计 CAD 系统 XL1.0 以满足林业基层

> 【本章提要】造林(经营)作业设计是人工林建设及森林经营的规范性技术文件,是贯彻和落实造林规划设计和森林经营方案,体现经营单位经营理念,持续健康经营森林,实现人工林建设和经营目标的重要保证。本章以作者自主研制开发的"造林(经营)作业设计 CAD 系统 XL1.0"为实例,重点介绍计算机辅助造林(经营)作业设计系统的设计原则、功能、步骤和方法。

单位造林(经营)设计和林业生态工程项目施工信息的管理为目标。应用该系统能够方便快速地完成野外调查数据的录入,直观地进行造林(经营)设计,方便灵活地进行造林(经营)设计图表的制作,以满足不同造林(经营)项目进行规划设计的要求。同时将造林(经营)设计内容作为项目施工信息库的主要内容,通过综合信息查询和计算分析功能完成造林(经营)设计优化和项目施工信息的管理,以提高造林(经营)设计工作的效率和质量,提高林业生态工程项目施工信息的管理水平。

(2) 系统设计原则

①系统性和结构性　从系统整体需求出发,把系统的各个功能分成相对独立的模块,各模块间数据参数相互传递,结合为有机整体。

②独立性和扩充性　系统各模块相对独立性强时,数据存储和程序运行的独立性就较强,并且运行时对系统影响就小,便于提高运行速度和根据需要即时扩充完善系统。

③通用性和开放性　系统适用于不同层次和知识结构的用户,使用灵活简便,非本专业和计算机专业的人员均能使用操作。同时,系统易于后期的继续开发,能够增强其专业性。

④适用性　系统能满足林业基层单位进行造林(经营)设计和各级林业管理部门进行项目施工信息管理的需要。

(3) 系统的结构与功能

系统采用自上向下扩展、层次化的功能模块结构,上层由造林(经营)设计、信息管理和图表输出三个模块组成,除了每个模块能独立运行外,各模块又紧密地联系在一起;每个模块由上至下又可分解成相对简单的子模块,能实现造林(经营)设计和信息管理对系统的要求(图9-1)。

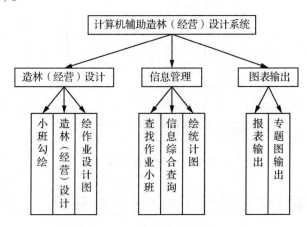

图9-1　系统结构功能框架

①造林(经营)设计模块　该模块主要用于造林(经营)设计图形数据和属性数据的录入、修改、编辑,建立造林(经营)设计信息库。在此基础上还可完成作业设计图等专题图和各种报表的制作。

②信息管理模块　该模块的功能为造林小班信息的综合查询和统计计算,各种信息能够直观显示。

③图表输出模块　该模块完成造林(经营)设计图表和综合查询信息的输出。

(4)系统的开发

应用新一代面向对象编程工具 Visual Basic 和商业化 GIS 软件 MAPINFO 作为支撑平台，通过 Windows 的 OLE Automation 技术，实现 Visual Basic 与 MAPINFO 之间的功能模块调用，综合运用 GIS 技术、OLE 技术等多项手段。

9.1.2　系统的工作流程

首先，用户选择造林地点后系统自动打开电子地图，进入造林(经营)设计模块，通过放大、缩小、移动电子地图并找到造林地块，使用画图工具在电子地图上进行造林小班勾绘(完成图形数据的录入)，对所勾绘小班进行造林(经营)设计(完成属性数据录入)，建立造林(经营)设计信息库。然后，在此基础上，进行造林小班信息的综合查询和统计计算，对需要修改的造林(经营)设计进行编辑修改，当达到最优化设计之后，即可进行制作报表、绘制打印作业设计图等工作(图 9-2)。最终建好的造林(经营)设计信息库可作为项目施工信息库，从而对林业生态工程项目施工信息进行管理工作。

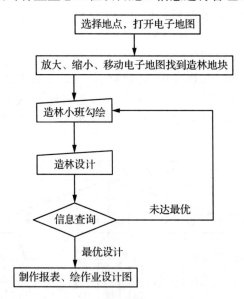

图 9-2　系统工作流程图

9.2　造林(经营)作业设计 CAD 系统的使用

9.2.1　系统运行环境

(1)硬件要求

①计算机　主机，586 以上微机；主频，1Ghz 以上；内存，256M 以上；硬盘，40G 以上；显示卡，配备 Windows 驱动的显示卡。

②输出设备　配备 Windows 驱动的各种打印机。

(2) 软件要求

操作系统：Windows \ 2000 \ XP(中文版)。

计算机已安装 Office2000(中文版)办公软件和 MAPINFO 6.0 以上版本。

9.2.2 系统的安装与启动

(1) 系统的安装

第一步，将安装光盘放入光驱中，打开资源管理器，双击光盘中的"造林(经营)设计系统安装文件"，出现系统安装窗口(图9-3)。

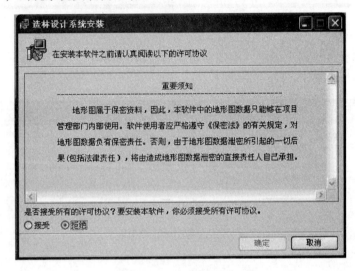

图 9-3 系统安装窗口

第二步，在系统安装窗口中单击"接受"选项，然后单击"确定"，出现选择安装路径窗口(图9-4)。

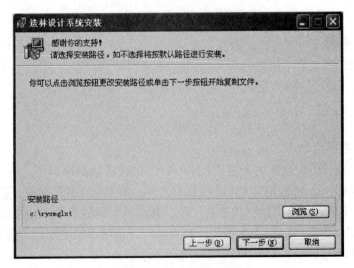

图 9-4 选择安装路径窗口

第三步,在安装路径窗口中,单击"下一步",出现安装进度窗口(图9-5),进行文件复制。

图9-5 安装进度窗口

第四步,当文件复制完成后,出现安装完成窗口(图9-6),单击"确定",待计算机重启后,即完成系统安装。

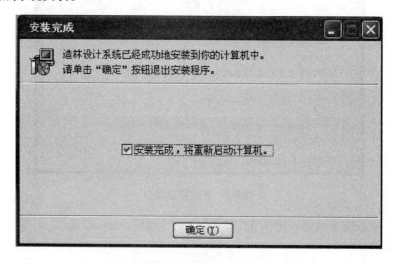

图9-6 安装完成窗口

(2)系统的启动

安装完成后,在桌面上用鼠标双击"造林(经营)设计系统",或者用鼠标单击任务栏上的"开始""所有程序"中的"造林(经营)设计系统",即可启动本软件。

9.2.3 系统的主界面和命令菜单

(1)系统的主界面

该系统启动后,出现选择地点窗口(图9-7)。在选择地点窗口上,有省和市的名称。单击××市的名称,会出现该市所管辖的县的名称,单击××县的名称,会出现该县所管辖的乡镇的名称(图9-8)。用鼠标单击省、市、县或者乡镇的名称,会在名称的旁边出现"确定"命令按钮,单击"确定"命令按钮,会自动打开该地点的地图,出现地图窗口(即系统主界面)(图9-9)。

9.2 造林(经营)作业设计 CAD 系统的使用

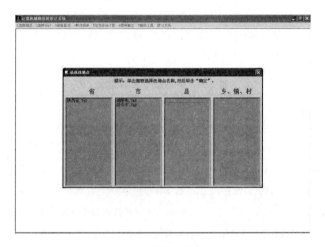

图 9-7 选择地点窗口

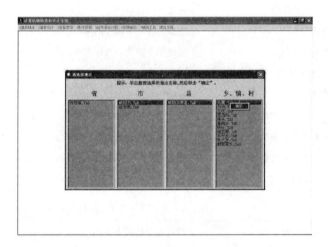

图 9-8 ××县调查地点的选择示意

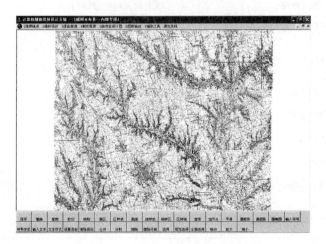

图 9-9 地图窗口(系统主界面)

(2)命令菜单

地图窗口的上部为"菜单命令",下部为"工具栏"。其中各命令按钮的功能如下:
①"菜单命令"(表9-1)

表9-1 菜单命令及其功能

	菜单命令	功　　能
1. 选择地点		出现选择地点对话框,进行地点的选择。
2. 造林(经营)设计	1 造林(经营)设计	出现造林(经营)设计对话框,对小班进行造林(经营)设计
	2 计算小班面积(公顷)	自动将小班的面积值(单位为公顷)录入到数据表中
	将"公顷"换算为"亩"	将自动录入的面积数据单位换算为"亩"
	3 对整列数据进行更新录入	对数据表整列的数据进行相同内容的更改或录入
	4 关闭工具栏	将工具栏关闭
	4 打开工具栏	将工具栏打开
3. 信息查询	查找	查找符合单一条件的某个小班
	查找选中部分	在地图上查找由数据表中选中的小班
	综合查询	综合查询小班的各种信息
	绘统计图	绘制统计图
	求合计和平均数	所选择小班的相关数据合计和平均值
	查看单个小班数据	查看单个小班的造林(经营)设计内容
	查看全部小班数据	查看多个小班的造林(经营)设计内容
	关闭图表	关闭已打开的图表
4. 制作报表		启动EXCEL程序,进行报表的制作。
5. 绘作业设计图	1 页面设置	设置打印的页面大小
	2 打开图例	打开图例模板,进行图例的编辑。
	3 图面布局	打印图面的布局和修饰
6. 图表输出	打印	打印所选定的设计图或数据表
	保存为文件	保存窗口为图片文件:保存所显示的地图窗口
		将图表另存为:将图表以其他名字或格式保存
7. 辅助工具	数据备份	将数据图表进行备份
	数据恢复	由备份的文件将图表进行恢复
	整理表	将数据表中的空行删除
	数据汇总	将各县数据向省和市汇总
	设置地图比例尺	使地图按所设置的比例尺在窗口显示或打印输出
8. 退出系统		退出该系统

②"工具栏"

表 9-2 工具栏命令及其功能

命令键	功能
保存	保存所修改的图表
撤销	撤销刚才的操作
复制	复制数据和图形
剪切	剪切数据和图形
粘贴	粘贴数据和图形
画区	在地图上画任意多边形
区样式	设置所画多边形的样式
画线	在地图上画线段
线样式	设置所画线段的样式
线转区	将线状小班转变为区状小班
区转线	将区状小班转变为线状小班
整形	修改小班的形状
加节点	在小班边界线上加节点
平滑	将所画线段平滑
画矩形	在地图上画矩形
画圆弧	在地图上画圆弧
画椭圆	在地图上画椭圆
输入符号	在地图上画符号
符号样式	设置所画符号的样式
输入文本	在地图上写文本
文本样式	设置所写文本样式
设置目标	将所要合并、分割、擦除的小班设置为目标
清除目标	撤销所设置的目标
合并	将两个小班合并
分割	将小班中的一部分区域分割出来
擦除	将小班中的一部分区域擦除
擦除外部	将小班中所设置区域以外的部分擦除
选择	选择地图窗口中的小班
矩形选择	选择所画矩形范围内的所有小班
全部选择	选择该地点的所有小班
移动	移动地图窗口中的小班
缩小	缩小地图
放大	放大地图

在工具栏中：画区、画线、画圆、画圆弧、画矩形是几个基本的画图工具。另外，还可用输入符号和输入文字命令进行符号和文字的输入。整形、平滑、加节点、合并、分割、擦除、擦除外部、线转区、区转线、线样式和区样式等命令可用来编辑修改所勾绘的小班。

(3)"快捷菜单"

地图操作的快捷菜单 在地图上，单击鼠标右键，会出现一个快捷菜单(图 9-10)。其中各命令按钮的功能如下：

①选择 单击此按钮后，用鼠标单击所要选择的小班，该小班就会处于被选中状态，并被突出显示，再次单击此小班或地图的其他部位，就会取消刚才的选择。按下键盘上的 Shift 键不放，用鼠标单击所要选择的小班，即可同时选择多个小班；

②移动 单击此按钮后，可用鼠标上下左右移动地图窗口中的地图；

③放大 单击此按钮后，用鼠标单击地图，就可使地图放大；

④缩小 单击此按钮后，用鼠标单击地图，就可使地图缩小；

⑤查看数据 单击此按钮后，用鼠标单击地图上的小班，即可显示该小班的造林(经营)设计内容；

⑥图层控制 单击此按钮后，出现图层控制对话框，可对图层的可见、可编辑、可选择、自动标注属性进行设置；其中"显示"：选择所要显示的图表，"编辑" 设置或取消使所选择的图表的可编辑状态，"标注"：对所选择的小班自动标注文本。

⑦查看整个视图 单击此按钮后，出现查看整个视图对话框，在该对话框的下拉列表中，选择你想查看的图层或全部图层，就会将所选图层的全部范围显示在屏幕窗口。

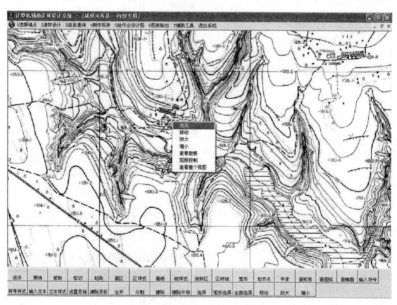

图 9-10 地图窗口中的快捷菜单

统计图操作的快捷菜单 绘统计图时，在统计图窗口的统计图上单击鼠标右键，会出现一个快捷菜单(图 9-11)。其中各命令按钮的功能如下：

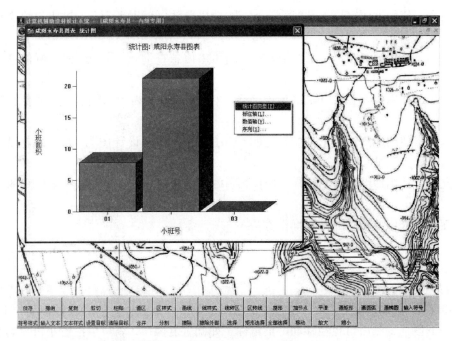

图 9-11　统计图窗口中的快捷菜单

①统计图类型　选择统计图类型，使统计图以指定类型及选项显示。

②标注轴　标注轴是一条标有统计图中数据值的轴。例如，在一张典型的财务统计图中，标注轴上可能标有"1 季度"、"2 季度"和"3 季度"，而数值轴以美元为单位显示数值。选择"标注轴"时，"标注轴"对话框出现。统计图用设定的标注轴选项显示。

③数值轴　选择"数值轴"时，"数值轴"对话框出现。统计图用设定的数值轴选项显示。

④序列　选择序列时，"统计图序列"对话框出现。可以在"统计图序列"对话框中为统计图指定序列的名称和序列元素的颜色和图案，使统计图以所指定的样式重画。

9.2.4　系统的使用

使用"计算机辅助造林(经营)设计系统 XL1.0"进行造林(经营)设计的基本步骤为：

第一步，启动"计算机辅助造林(经营)设计系统 XL1.0"之后，选择地点，系统自动打开电子地图。

第二步，用鼠标单击"工具栏"中的"放大""缩小""移动"按钮(或使用地图操作快捷菜单中的"放大""缩小""移动"命令按钮)，通过放大、缩小、移动电子地图来找到造林地块。

第三步，用鼠标单击"工具栏"中的"画区"命令按钮(根据所画图形的不同，也可以使用"画线""画圆""画圆弧"或"画矩形"命令按钮)在电子地图上进行造林小班勾绘。

第四步，如有必要可分别使用"工具栏"中的"整形""平滑""加节点""合并""分割""擦除""擦除外部""线转区""区转线""线样式"和"区样式"命令，对所勾绘的造林小班图形进行编辑和修改。

第五步,使用地图窗口上部"菜单命令"中的"造林(经营)设计",对所勾绘小班进行造林(经营)设计。

第六步,使用地图窗口上部"菜单命令"中的"信息查询",进行造林小班信息的综合查询和统计计算。

第七步,使用地图窗口上部"菜单命令"中的"制作报表",进行各种报表的制作和打印。

第八步,使用地图窗口上部"菜单命令"中的"绘制作业设计图",进行作业设计图的绘制。

第九步,使用地图窗口上部"菜单命令"中的"图表输出",进行作业设计图的保存或打印。

下面分别介绍各步骤的详细操作方法。

9.2.4.1 小班勾绘

(1)如何进行小班勾绘

单击工具栏中的"画区"命令按钮,在地图中单击一下鼠标,然后轻轻移动一下鼠标,再单击一下鼠标,然后再轻轻移动一下鼠标,如此重复操作,就可以沿着小班界勾绘出造林小班。双击鼠标即可结束绘图。单击工具栏中的"保存"命令按钮,即可对所勾绘的小班进行保存。

(2)如何使相邻小班的边界线重合

进行小班勾绘常常要求相邻小班的边界线重合,使用自动跟踪功能不仅可以使相邻小班的边界线重合,而且还能加快小班勾绘的速度。使用自动跟踪功能的步骤如下:

第一步,单击一下键盘上的"S"键,激活对齐模式(再次单击"S"键,即可取消对齐模式)。

第二步,将鼠标在要跟踪的小班边界线上轻轻移动,当出现大的十字丝时,即表示此处为一个节点,此时单击一下鼠标左键。

第三步,按住键盘上的 Shift 键,同时,将鼠标轻轻向前移动,可以看到突出显示的线段跟踪路径,当认为线段正确重合以后,单击一下鼠标左键即可完成相邻小班边界线的重合。

(3)如何对所勾绘的小班图形进行编辑和修改

对所勾绘的小班图形进行编辑和修改的功能有:整形、平滑、擦除、擦除外部、合并、分割、移动、删除、设置颜色、线转区、区转线等。

①如何对所勾绘的小班进行整形

第一步,选择所要整形的小班。即用鼠标单击"工具栏"中或者"快捷菜单"中的"选择"按钮,然后,再用鼠标单击所要整形的小班(本步操作是所有编辑修改小班图形时必须步骤)(图9-12)。

第二步,进入整形状态。即用鼠标单击"工具栏"中的"整形"按钮,此时要整形的小班的边界线上会出现许多小的黑点,即为节点(图9-13)。

9.2 造林(经营)作业设计 CAD 系统的使用

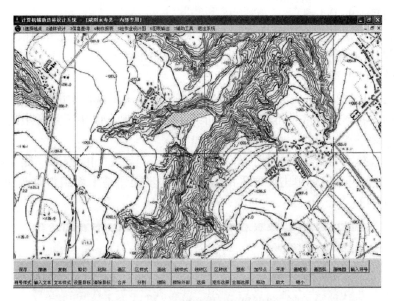

图 9-12 选择所要整形的小班

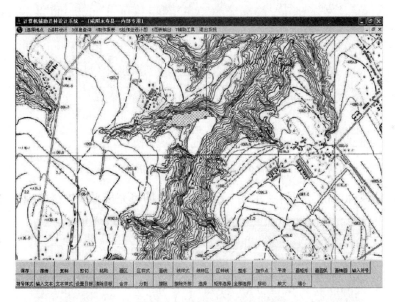

图 9-13 进入整形状态

第三步,进行"移动节点""增加节点"或"删除节点"的操作,从而达到整形的目的。

移动节点:用鼠标单击所要移动的节点,压住鼠标左键不放,然后,向所要移动的方向移动鼠标,即可将节点移动,从而达到改变图形形状的目的。

增加节点:为了使所画图形对象的边缘比较平滑,常需要在节点比较少的地方增加节点。其方法是,用鼠标单击"工具栏"中的"加节点",然后,用鼠标单击所要增加节点的地方,即可完成增加节点。鼠标每单击一下就加一个节点。

删除节点:在节点比较密集时,可删除节点。方法是,用鼠标单击所要删除的节点,然后,单击键盘上的 Del 键。

第四步,结束整形状态。用鼠标单击"工具栏"中的"整形",或者用鼠标单击地图窗口中的其他部分(被编辑小班以外的部分)即可结束整形状态。

②如何使折线变得平滑

对于道路绿化的小班,常用线状图形来表示。可以用工具栏中的"画线"工具来勾绘,但是勾绘出的线状图形常常是不够平滑的折线,为了美观可以用工具栏中的"平滑"工具将折线变为连续平滑的曲线。其操作步骤为如下。

第一步,选择需要平滑的折线。即用鼠标单击"工具栏"中或者"快捷菜单"中的"选择"按钮,然后,再用鼠标单击所要平滑的折线(本步操作是下面编辑修改小班图形时必须步骤)(图 9-14)。

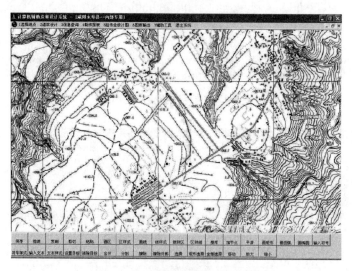

图 9-14　选择需要平滑的折线

第二步,用鼠标单击"工具栏"中的"平滑"按钮,即可完成平滑折线的操作(图 9-15)。

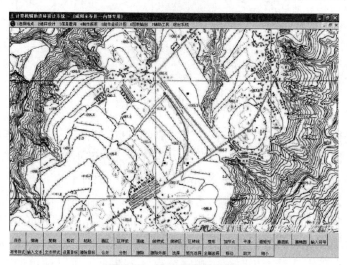

图 9-15　进行折线的平滑

③如何对所勾绘的小班进行合并、擦除、擦除外部和分割

当对小班图形做大幅修改时,用"整形"来改变小班图形的形状比较麻烦。这时可以用"合并"、"擦除"、"擦除外部"和"分割"功能。下面以 1 号和 2 号小班为例,具体说明上述操作功能。

a. 合并:将 2 号小班合并到 1 号小班中,使两个小班为一个小班。

第一步,选择所要编辑和修改的小班。即用鼠标单击"工具栏"中(或者"快捷菜单"中)的"选择"按钮,然后用鼠标单击 1 号小班(图 9-16)。

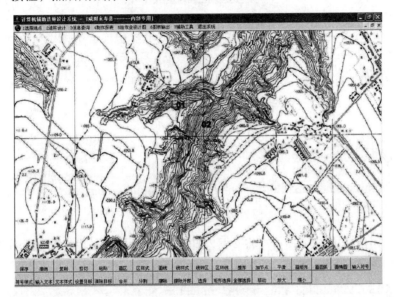

图 9-16　选择 1 号小班

第二步,用鼠标单击"工具栏"中的"设置目标"命令按钮(图 9-17)。

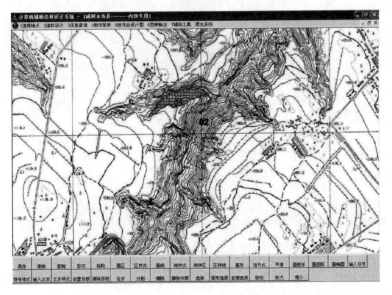

图 9-17　将 1 号小班设置为目标

第三步，鼠标单击 2 号小班，然后单击工具栏中的"合并"，出现数据聚合对话框（图 9-18）。

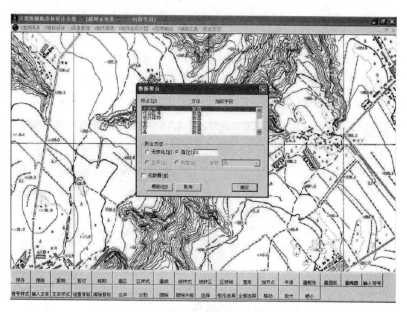

图 9-18　数据聚合对话框

第四步，用鼠标单击"确定"，将 2 号小班合并到 1 号小班中，使两个小班合并为一个小班（图 9-19）。

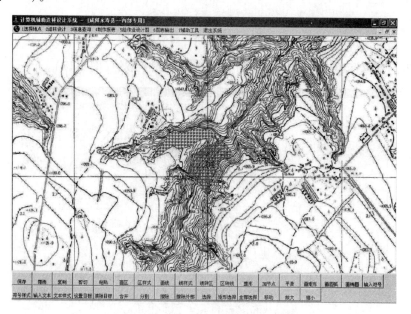

图 9-19　将 2 号小班合并到 1 号小班中

第五步，用鼠标单击工具栏中的"清除目标"和"保存"，将小班图形恢复为正常的图形，并将合并后的小班进行保存（图 9-20）。

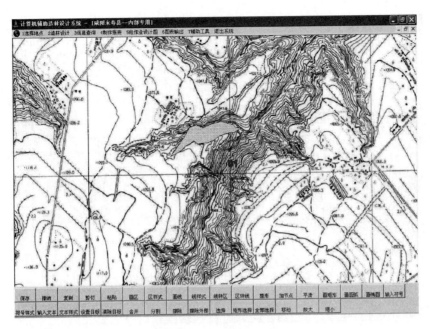

图 9-20 合并后的小班

b. 擦除：将 1 号小班的上面部分擦除。

第一步，选择所要编辑和修改的小班。即用鼠标单击"工具栏"中（或者"快捷菜单"中）的"选择"按钮，然后，再用鼠标单击 1 号小班，使它处于被选择状态（图 9-21）。

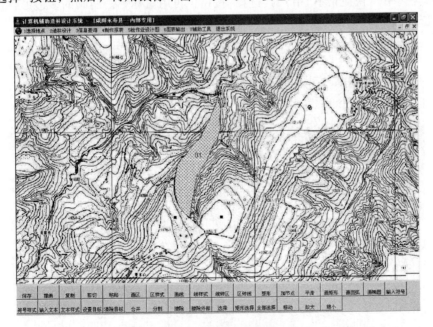

图 9-21 选择 1 号小班

第二步，用鼠标单击"工具栏"中的"设置目标"命令按钮（图 9-22）。

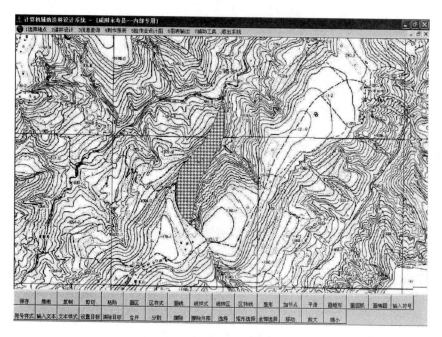

图 9-22　将 1 号小班设置为目标

第三步，创建裁剪对象。用鼠标单击"工具栏"中的"画区"，然后，在地图上画一个多边形，使 1 号小班中所要擦除的区域（裁剪对象）包含在这个多边形中，然后，用鼠标单击"工具栏"中（"快捷菜单"中）的"选择"按钮，再用鼠标单击所画的多边形，使它处于被选择状态（图 9-23）。

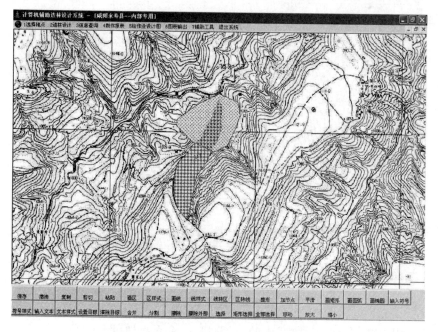

图 9-23　使所画的多边形处于被选择状态

9.2 造林(经营)作业设计 CAD 系统的使用 ·157·

第四步,鼠标单击"工具栏"中的"擦除"命令按钮,出现"数据分解"对话框(图 9-24)。

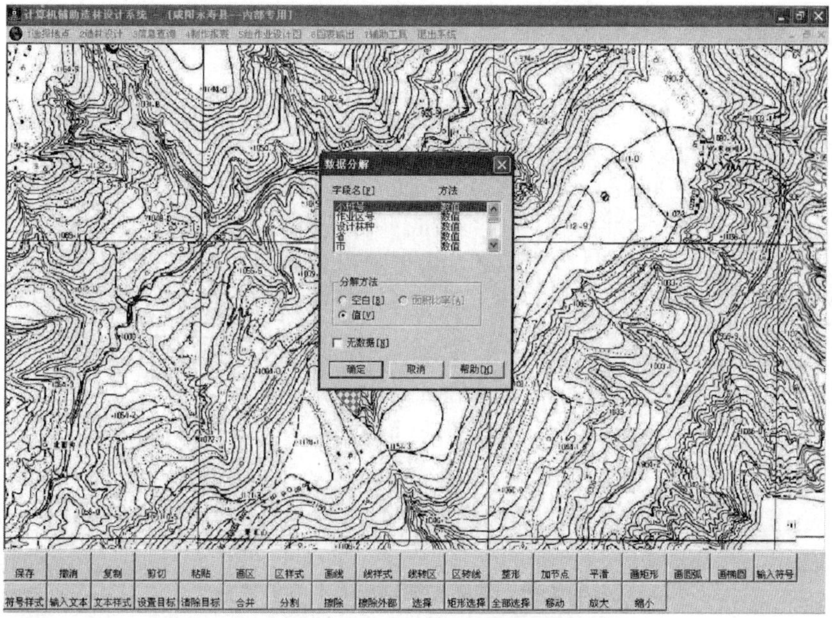

图 9-24 "数据分解"对话框

第五步,在"数据分解"对话框中,单击"确定",进行数据分解(图 9-25)。

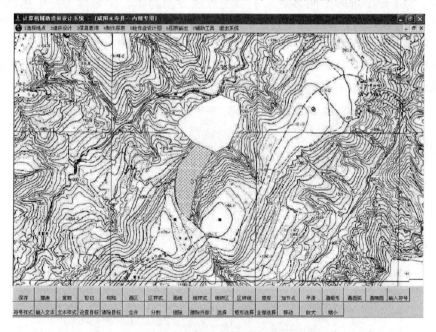

图 9-25 数据分解后的 1 号小班

第六步,用鼠标单击刚才所画的多边形,使它被选择,然后,单击键盘上的 Del 键,将其删除,即完成了擦除操作。用鼠标单击工具栏中的"保存",将擦除上部以后的 1 号小班进行保存(图9-26)。

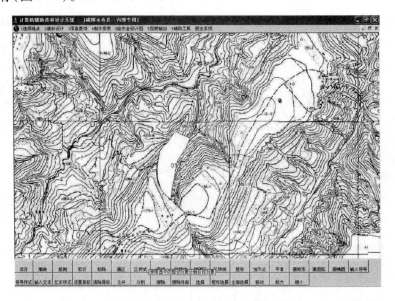

图9-26 擦除上部以后的1号小班

c. 擦除外部：与擦除的操作步骤相同，但是最后得到的结果不同。擦除外部是将"裁剪对象"以外的图形部分擦除了。

分割：将1号小班的中间部分从1号小班中分割出来，使它成为一个单独的小班。（在造林(经营)设计时，常常会遇到在单个小班的中间有一块不可作业的地块，因此，在进行小班勾绘时，需要将这个地块表示出来。这就要用到分割功能。）

第一步，选择所要编辑和修改的小班。即用鼠标单击"工具栏"中(或者"快捷菜单"中)的"选择"按钮，然后用鼠标单击1号小班，使它处于被选择状态(图9-27)。

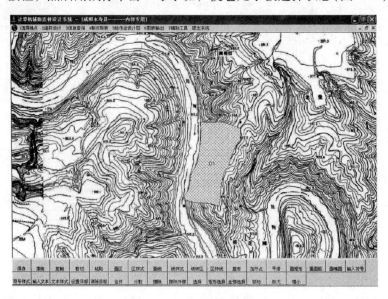

图9-27 选择1号小班

第二步,用鼠标单击"工具栏"中的"设置目标"命令按钮(图28)。

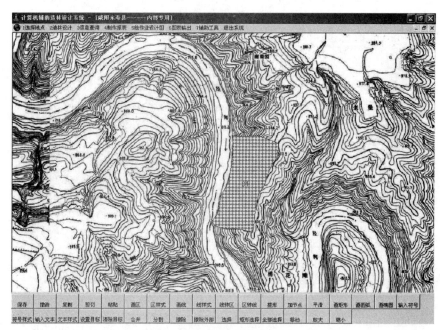

图 9-28　将 1 号小班设置为目标

第三步,创建分割对象。即用鼠标单击"工具栏"中的"画区",然后在 1 号小班中勾绘出想要分割的区域(即为分割对象),然后,用鼠标单击"工具栏"中(或者"快捷菜单"中)的"选择"按钮,再用鼠标单击所画的分割对象,使它处于被选择状态(图 9-29)。

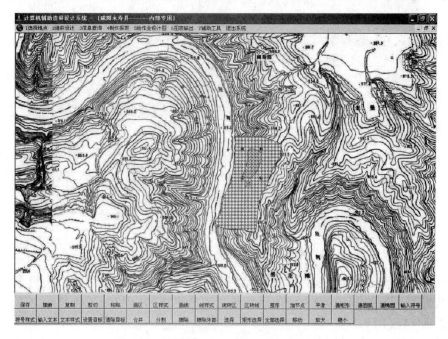

图 9-29　使所画的分割对象处于被选择状态

第四步，鼠标单击"工具栏"中的"分割"命令按钮，出现"数据分解"对话框(图9-30)。

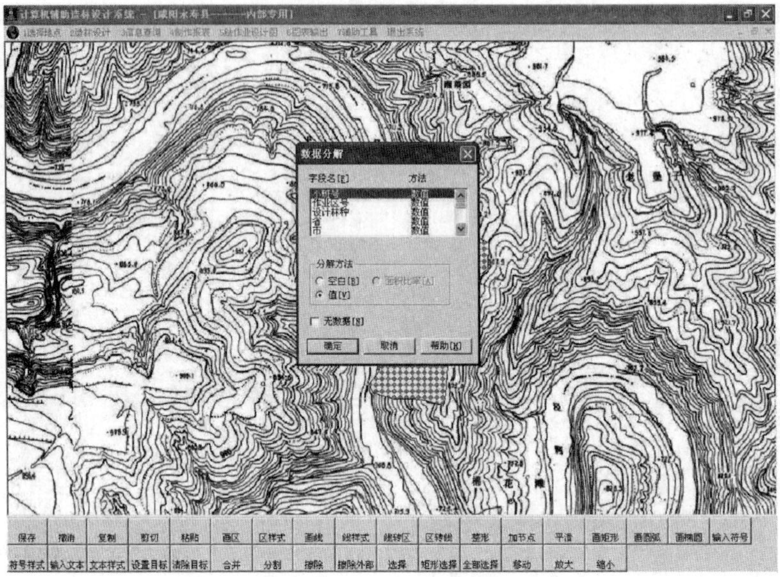

图 9-30 "数据分解"对话框

第五步，在"数据分解"对话框中，单击"确定"，进行数据分解(图9-31)。

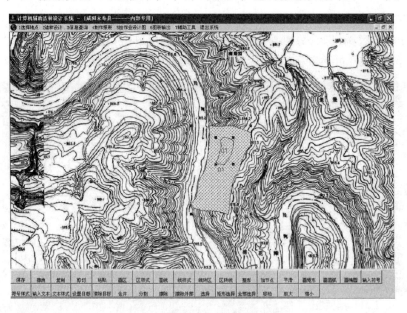

图 9-31 数据分解后的1号小班

第六步，用鼠标单击刚才所画的分割对象，使它被选择，然后，单击键盘上的 Del 键，将其删除，即完成分割操作。用鼠标单击工具栏中的"保存"，将擦除上部以后的1号小班进行保存(图9-32)。

分割后结果：被分割出的区域与原1号小班成为两个独立的区域，即成为两个小班，

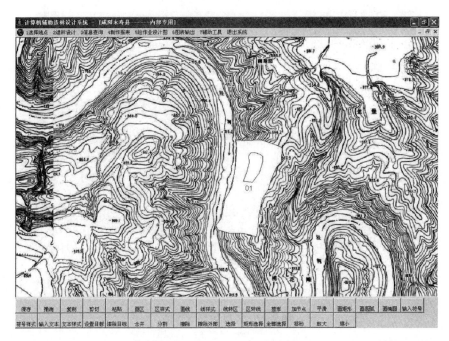

图 9-32 分割以后的 1 号小班

这样 1 号小班的面积和形状都与原来不同。

④如何对所勾绘的小班进行"移动""删除""设置颜色""线转区""区转线"

第一步,选择所要编辑和修改的小班。即用鼠标单击"工具栏"中(或者"快捷菜单"中)的"选择"按钮,然后,再用鼠标单击所要编辑和修改的小班,使它处于被选择状态。

第二步,进行移动、删除、设置颜色、线转区、区转线操作。

移动:用鼠标单击所要移动的小班,压住鼠标左键不放,然后,向所要移动的方向移动鼠标,即可将小班移动。

删除:用鼠标单击要删除的小班,然后单击键盘上的 Del 键即可将所选择的小班删除。

设置颜色:用鼠标单击所要设置颜色的小班,然后,再用鼠标单击"工具栏"中的"区样式"(若需设置线状小班的颜色就用鼠标单击"工具栏"中的"线样式")。出现区域样式对话框(图 9-33)。用鼠标单击区域样式对话框中"图案""前景"等选项选择和设置区域样式对话框中的各项参数。最后用鼠标单击"确定"完成操作。(鼠标单击"背景"选项左边的小方框时,方框中的小对勾消失,表明不选择"背景",此时所绘图形的颜色图案为透明色)。

线转区:用鼠标单击要转换的线状小班,然后用鼠标单击"工具栏"中的"线转区"。

区转线:用鼠标单击要转换的小班,然后用鼠标单击"工具栏"中的"区转线"。

线状小班与区状小班的区别:当勾绘道路绿化等小班时,常将小班勾绘成折线形状,而一般的造林小班常是占据一定面积的区状小班。线状小班不能自动求出面积,而区状小班可自动求出面积。用"线转区"可将线状小班转为区状小班,用"区转线"可将区状小班转为线状小班。

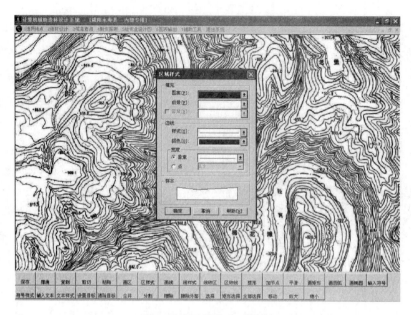

图 9-33　区域样式对话框

⑤如何对小班进行标注

"计算机辅助造林(经营)设计系统 XL1.0"对小班自动标注的内容是小班号,要改变小班标注的内容时,可单击鼠标右键,出现快捷菜单,鼠标单击"图层控制"命令,出现图层控制对话框(图9-34)。鼠标单击图层控制对话框中的"标注"按钮,出现标注选项对话框(图9-35)。在标注选项对话框中设置"标注项""样式"等参数。例如,在"标注项"中选择"设计林种",在"样式"中鼠标单击"A"按钮,出现文本样式对话框(图9-36)。对文本样式对话框进行设置后,鼠标单击各对话框的"确定",即可完成小班的标注(图9-37)。

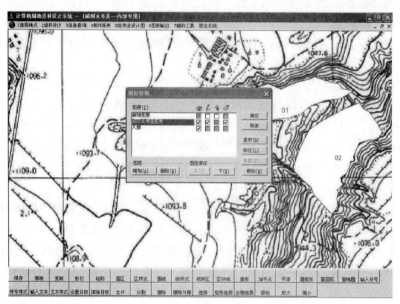

图 9-34　图层控制对话框

9.2 造林(经营)作业设计 CAD 系统的使用 ·163·

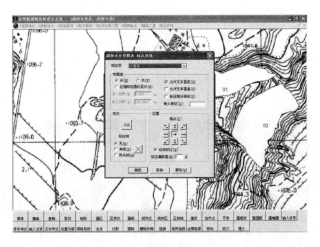

图 9-35 标注选项对话框

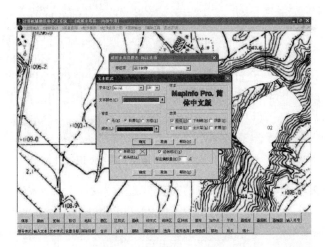

图 9-36 "文本样式"对话框

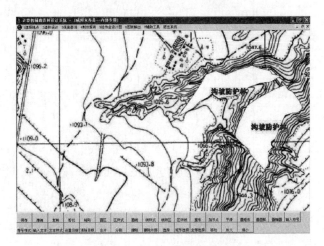

图 9-37 改变小班标注后的地图

9.2.4.2 造林(经营)作业设计

第一步,选择造林(经营)作业设计小班。即用鼠标单击"工具栏"中(或者"快捷菜单"中)的"选择"按钮,然后用鼠标单击要进行造林(经营)设计的小班,使它处于被选择状态(图9-38)。

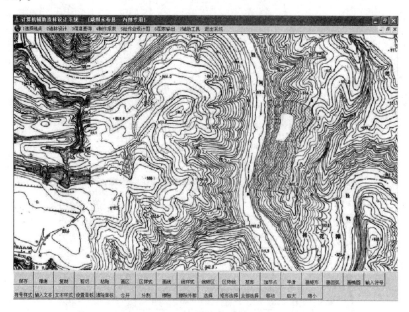

图9-38 选择造林(经营)设计小班

第二步,用鼠标单击"菜单命令"中的"造林(经营)设计",出现造林(经营)设计对话框(图9-39)。

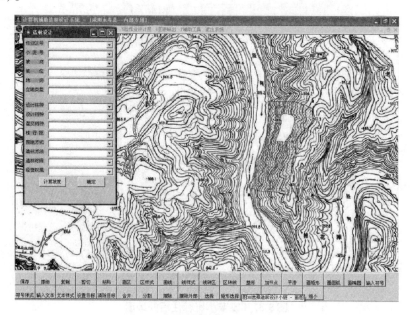

图9-39 造林(经营)设计对话框

第三步,在造林(经营)作业设计对话框中,对小班号、作业区号、设计林种等选项进行选择(或由键盘输入相关内容)。

第四步,用鼠标单击造林(经营)作业设计对话框中的"计算坡度",然后,在所选择的小班内相邻两条等高线之间画垂直线,用于计算坡度。

第五步,用鼠标单击造林(经营)设计对话框中的"确定",完成坡度计算和小班设计。

如果需要对造林小班自动求算面积,可用鼠标单击"造林(经营)设计"菜单中的"计算小班面积",系统会对所有的造林小班自动求算面积。

如果需要对小班造林(经营)设计内容进行修改,可单击鼠标右键,出现快捷菜单,单击"查看数据"命令按钮,鼠标图形变为十字丝,用鼠标单击所要修改的小班,出现信息工具窗口(图9-40),在窗口中可由键盘输入相关内容,完成小班造林(经营)设计内容的修改。

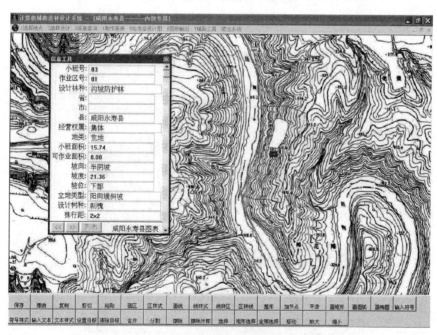

图 9-40　信息工具窗口

9.2.4.3　信息查询

(1) 如何查找符合条件的某个小班

第一步,用鼠标单击"信息查询"菜单中的"查找"命令,出现查找对话框(图9-41)。

第二步,在查找对话框中的"查找对象在列"选项中选择查找所使用的条件,在"标注符号"选项中设置对所查找到小班的标注符号,然后单击"确定",出现输入查找条件对话框(图9-42),在所出现的对话框中由键盘输入用来查找的条件,即可查到符合条件的小班,并且此小班被显示在地图窗口的中央,所选择的标注符号被自动标注在小班上(图9-43)。

第9章 计算机辅助造林(经营)作业设计

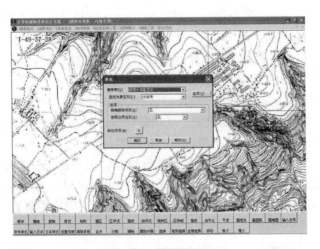

图 9-41　查找对话框

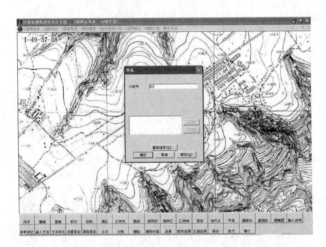

图 9-42　输入查找条件对话框

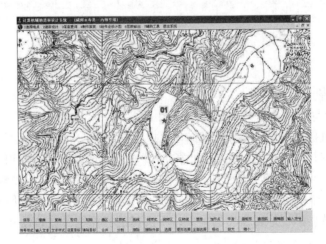

图 9-43　查找到的小班

(2) 如何进行小班信息的综合查询

该系统的"综合查询"命令具有以下功能：①选择和查看图表中符合条件的小班和造林(经营)作业设计内容；②将两个或更多图表合并为一个图表；③基于图表中已有造林(经营)设计内容，计算创建具有新值的内容；④按数字或字母顺序对小班进行排序；⑤对小班造林(经营)设计内容进行分类汇总。

使用"综合查询"进行小班信息综合查询的具体操作步骤为：

第一步，用鼠标单击"信息查询"菜单中的"综合查询"，出现 SQL 选择对话框(图 9-44)。

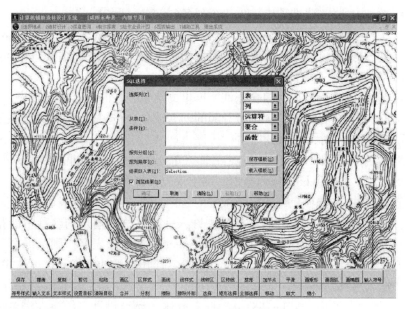

图 9-44　SQL 选择对话框

第二步，填写 SQL 选择对话框。"综合查询"的 SQL 选择对话框大多数选项是可选的，因此不像想象中的困难。假设你不想创建分类汇总，可保留"按列分组"域为空白。下面分别说明 SQL 选择对话框中的各个选项。

"选择列"：本选项表示结果表中包含哪几列。缺省时，本选项包含一个星号(*)。星号结果表中包含图表中的每一列。若要结果表只包含图表中的某几列，可用逗号分隔的列名清单来代替星号。例如，可指定选择列清单为：小班号、面积、作业区号等。

"从表"：本选项表示造林(经营)作业设计系统查询哪张图表。在"从表"选项中至少要输入一个图表名。若要在造林(经营)设计系统中查询两个或多个图表，可输入逗号分隔的图表名清单。若在"从表"选项中输入两个或多个图表的名称，则必须在"条件"域中设定一个表达式来指示造林(经营)设计系统如何连接图表。若输入两个图表名，造林(经营)设计系统会自动计算一个合适的"条件"表达式。但是，若你使用三个或三个以上图表名，则必须手工修正"条件"表达式。若要执行多表连接，则所有的表都必须是基础表。注意不能在多表综合查询中使用结果表(如 Query1)。

"条件"：根据综合查询的目的，本选项有不同的用途。当你查询单个图表时，"条件"选项是可选的。若要查询涉及连接两个或两个以上的表,则必须设定"条件"表达式,该表达式必须指示造林(经营)设计系统如何连接这两个表。若需要,可在"条件"选项中输入一个逻辑表达式。例如,当查询造林小班时,若只检索那些面积大于 500hm^2 的小班,则可在"条件"选项中输入逻辑表达式"面积 > 500"。

"按列分组":本选项允许你对结果表分类汇总。若在"按列分组"域中输入一个列名(或一个逗号分隔的列名清单),造林(经营)设计系统将对查询结果进行分类汇总,并只显示分类汇总结果,而不显示从图表中检索出的每行。

分类汇总的步骤为:

第一步,在"按列分组"选项中输入一个列名(或多个列名)。

第二步,在"选择列"选项中输入相同的列名和聚合运算符(例如 Sum 或 Count)。

"按列分组"选项是可选的,若要保留该选项为空白,则造林(经营)设计系统不进行分类汇总。

"按列排序":本选项允许对综合查询所产生的结果表中的内容进行排序。若在"按列排序"选项中输入一个列名(或一个逗号分隔的列名清单),造林(经营)设计系统将对结果表的行进行排序。缺省时,按照升序对行排序,即 A 出现在 B 之前,小数字出现在大数字之前。为了按照降序排序,可在列名之后输入单词"desc"(如作业面积 desc)。"按列排序"选项是可选的,若保留该选项为空白,则结果表不排序。

"结果放入表":本选项允许设定结果表的名称。缺省时,结果表命名为 Selection。若要给结果表命名,可在"结果放入表"选项中键入一个名称。输入的名称不能是已打开图表重名。若要经常使用 SQL 查询,并使用 Selection 作为结果表名,则最终会留下大量的结果表(如 Query1、Query2、Query3、…)。为避免打开大量的 Query 表,最好在"结果放入表"选项中输入名称。

"浏览结果":若选中"浏览结果"复选框,造林(经营)设计系统将在浏览窗口显示查询结果。

"保存模板":将 SQL 对话框设置的内容另存为查询模板,便于以后进行相同的综合查询时直接使用,而不需要再重新设置 SQL 对话框。对常用的综合查询可另存为查询模板,在需要查询时,可用"加载模板"命令完成查询。

"加载模板":加载已保存的查询模板,可完成综合查询,而不需要逐项填写 SQL 查询对话框。此方法是进行小班信息"综合查询"最简便的方法。因此,最好将常用的综合查询保存为模板。

注意"SQL 选择"对话框的右边包含 5 个下拉列表:"表""列""运算符""聚合"和"函数"。下拉列表允许采取点按和单击来填写"SQL 选择"对话框,而不能直接键入。

图 9-45 至图 9-47 是综合查询的一个具体实例。图 9-45 是填写好的 SQL 选择对话框。其查询目的是想查找林种为沟坡防护林的所有小班的造林信息,并以数据表的形式显示出来。图 9-46 是单击 SQL 选择对话框中的"确定"之后,出现的选择浏览表对话框,在此对话框中选择"沟坡防护林"数据表(即综合查询后的结果表),然后用鼠标单击"确定",综合查询的结果表(沟坡防护林)会在窗口中显示出来(图 9-47)。

9.2 造林(经营)作业设计 CAD 系统的使用

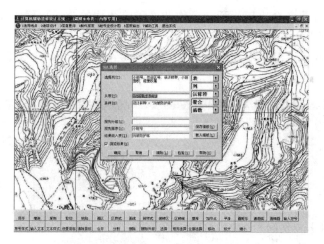

图 9-45 填写好的 SQL 选择对话框

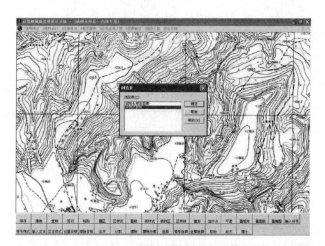

图 9-46 选择浏览表对话框

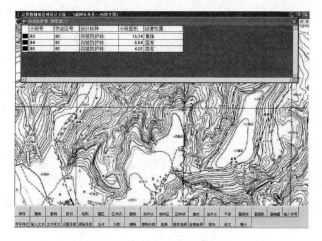

图 9-47 查询到的沟坡防护林小班

(3) 如何快速计算多个小班面积、可作业面积等数据的合计和平均数

第一步，选择造林小班。用鼠标单击"工具栏"中的"选择"按钮（或者"矩形选择""全部选择"按钮），然后，再用鼠标单击所要进行计算的小班，使它们处于被选择状态（图9-48）。

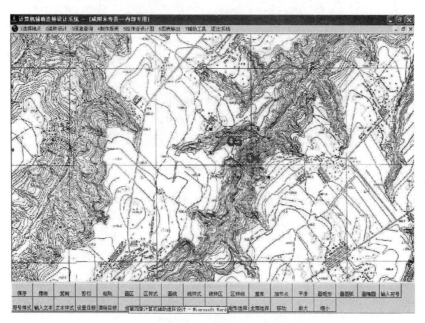

图 9-48　选择造林小班

第二步，用鼠标单击"信息查询"中的"求合计和平均数"，出现统计窗口（图9-49），此窗口中列出了小班面积、可作业面积等数据的合计和平均数。

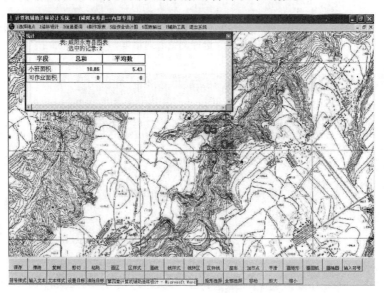

图 9-49　统计窗口

(4) 如何在地图上查找数据表中被选中的小班

第一步,在数据表中选择造林小班。用鼠标单击"信息查询"中"查看全部小班数据"命令按钮,出现全部小班的数据表(图9-50),再用鼠标单击数据表中最前面的小方格,进行造林小班的选择。

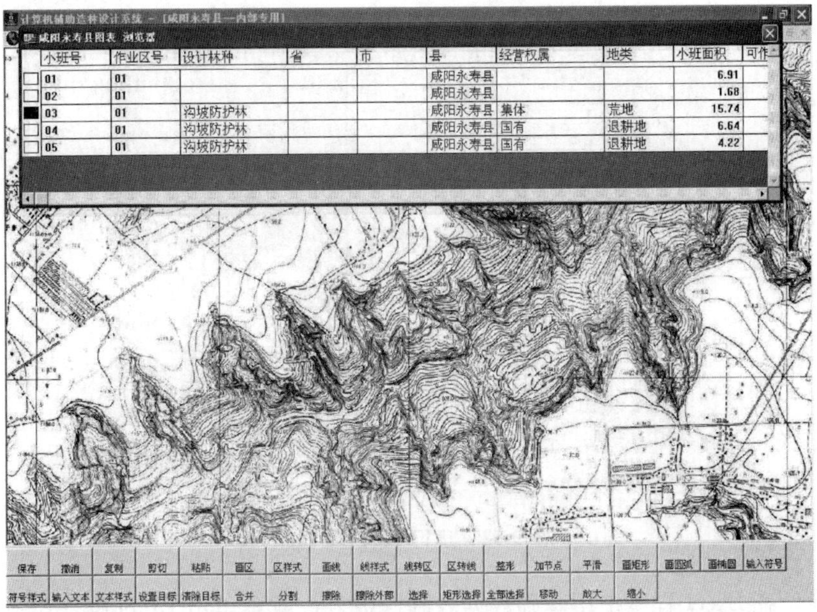

图 9-50 在数据表中选择造林小班

第二步,用鼠标单击"信息查询"中的"查找选中小班",被选中的小班就会在地图窗口中显示出来(图9-51)。

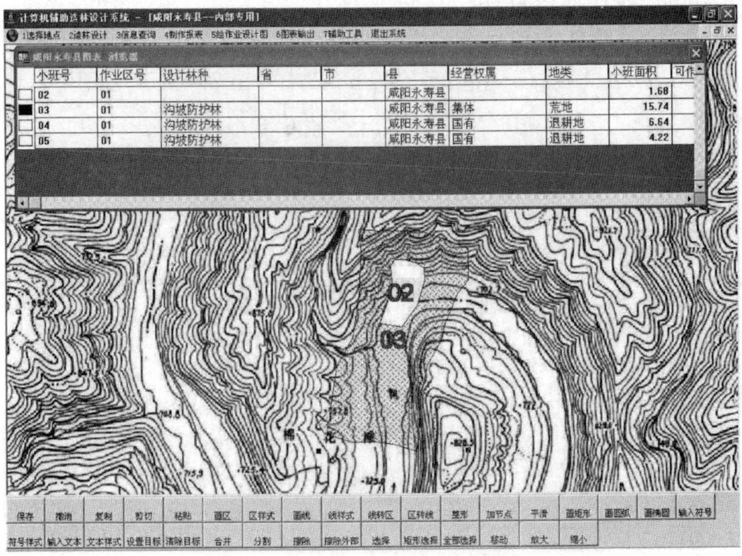

图 9-51 地图窗口中显示的被选中小班

9.2.4.4 制作报表

第一步,单击菜单中的"制作报表",运行 Excel 程序,同时将基础数据表打开(图9-52)。

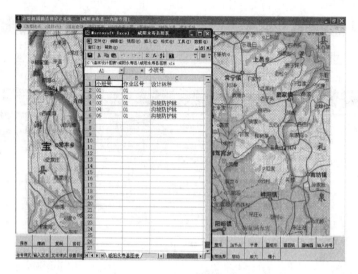

图 9-52 运行 EXCEL 程序

第二步,在 Excel 程序中用基础数据表制作报表,或者单击 Excel 程序中"文件"菜单中的"打开",打开以前制作的报表,进行报表的制作和打印。

9.2.4.5 绘制和打印作业设计图和统计图

(1)如何绘制和打印作业设计图

第一步,鼠标单击"绘作业设计图"菜单中的"页面设置",进行页面设置(图9-53)。

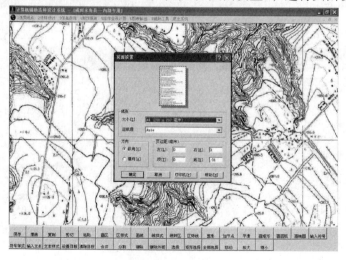

图 9-53 页面设置

第二步，页面设置完成后，用鼠标单击"绘作业设计图"菜单中的"打开图例文件"，出现图例窗口(图9-54)。

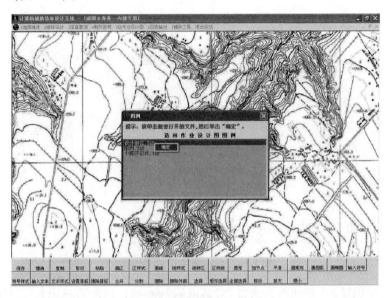

图9-54　图例窗口

第三步，打开图例文件，分别出现"图例"、"小班注记"和"设计单位"窗口(图9-55)，同编辑勾绘的小班一样，可以对"图例""小班注记"和"设计单位"中的文字和图形进行编辑。

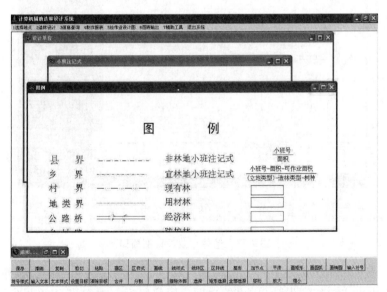

图9-55　图例、小班注记和设计单位窗口

第四步，鼠标单击"绘作业设计图"菜单中的"建立布局框架"，出现"新建布局窗口"对话框(图9-56)，在此对话框中用鼠标单击"所有当前打开窗口的框架"。

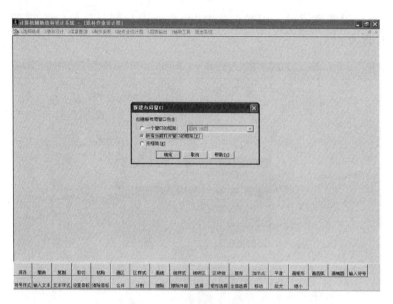

图 9-56　新建布局窗口对话框

第五步，鼠标单击"新建布局窗口"对话框的"确定"，出现造林作业设计图窗口（图 9-57）。

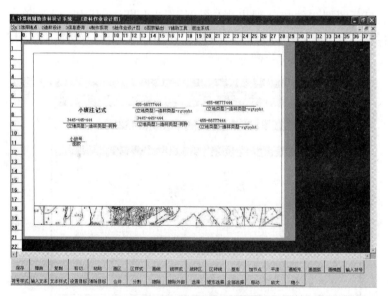

图 9-57　造林作业设计图窗口

第六步，鼠标单击工具栏中的"选择"命令按钮，然后用鼠标单击造林作业设计图窗口中"图例""小班注记"或"设计单位"的边框，压住鼠标左键不放，拖动图形边框，可以改变图形的大小。鼠标单击图形，压住鼠标左键不放，拖动图形，可以移动图形。或者用鼠标双击"图例""小班注记"或"设计单位"，都可出现"框架对象"对话框（图 9-58），在此窗口中可进行图形框大小和位置等的设置。然后，就可以进行作业设计图的布局，并可用工具栏中的绘图和编辑工具,在作业设计图中输入文字等,也可用快捷菜单中的命令对设计图进行编辑。

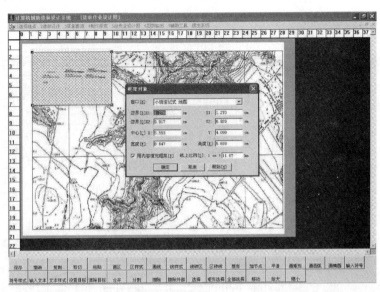

图 9-58 框架对象对话框

第七步,在完成作业设计图的布局后,鼠标单击菜单命令"图表输出"中的"打印",即可打印作业设计图,或用鼠标单击菜单命令"图表输出"中的"保存为文件",将设计图保存为图片文件,以后可以在图像处理软件中打开和打印。

(2)如何绘制和打印统计图

第一步,鼠标单击"信息查询"菜单中的"绘统计图",出现"新统计图对话框"(图 9-59)。

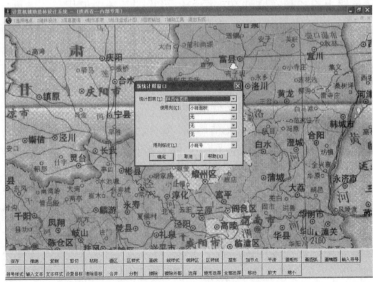

图 9-59 新统计图对话框

第二步,设置"新统计图对话框"中的"统计图表"、"使用列"和"用列标注"(例如,"统计图表"选为"陕西省图表","使用列"选为"小班面积","用列标注"选为"小班号")。

第三步,鼠标单击"确定",出现统计图窗口(图9-60)。

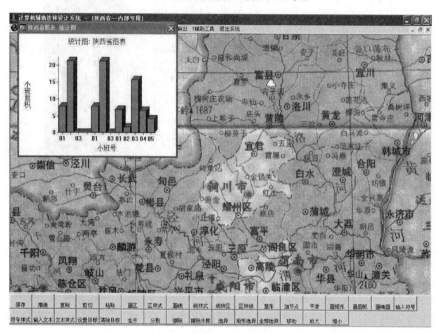

图9-60 统计图窗口

第四步,鼠标单击菜单命令"图表输出"中的"打印",即可打印统计图窗口。

9.2.4.6 其他功能的使用

(1)如何将县级上交的数据文件在市级和省级管理系统中使用

县级上交数据文件处理方法:将"造林(经营)设计图表"文件夹中相应县的文件夹复制存盘后提交给市级和省级。例如,要将黄陵县的数据上交上级部门,可在资源管理器中打开"造林(经营)设计图表"文件夹,然后,找到"延安黄陵县"文件夹,将其复制存盘后提交给市级或省级管理部门即可。

市级和省级使用县级上交的数据文件的方法:

第一步,将县级上交的数据文件夹粘贴到"造林(经营)设计图表"文件夹中,将"造林(经营)设计图表"文件夹中原有的相应县的文件夹替换。(也可将原有的文件夹重命名后保存。)

第二步,启动"造林(经营)设计系统",在"辅助工具"菜单中单击"数据汇总"命令,即可完成县级数据向市级和省级图表中的汇总,并将造林小班在市级和省级地图上显示出来。

(2)如何复制和粘贴数据表中的内容

第一步,使用信息查询菜单中的"查看全部小班数据"命令,打开所要复制的数据表;单击数据表中所要复制行的左边小方框。

第二步，单击工具栏中的"复制"按钮。

第三步，打开要接收复制内容的数据表或在已打开的数据表中找到要进行插入复制的位置，单击左边小方框，选定要复制的位置。

第四步，单击工具栏中的"粘贴"按钮，完成表中行内容的复制和粘贴。

(3) 如何在"浏览数据"和"信息工具"窗口的数据表中复制和粘贴数据

第一步，选择和复制想要复制的数据。方法同使用 Word 程序一样，用鼠标单击想要复制的数据前端，然后，压住鼠标左键不放，拖动鼠标到想要复制内容的末端，放开鼠标左键。接下来，在键盘上同时按下 Ctrl + C 键，使所选的内容被复制。

第二步，粘贴想要复制的内容。用鼠标单击所要粘贴的位置，然后，在键盘上同时按下 Ctrl + V 键，使所选的内容被粘贴。

(4) 有关使用"综合查询"的几点说明

①如何计算派生列　使用"综合分析"功能，将出现"SQL 选择"对话框，它可以计算派生列并将其保存在结果表中。派生列是一个特殊的临时列，程序根据基表中已有的一个或多个列即时计算临时列的值。例如，假设表中含有两个字段"面积"和"可作业面积"，希望通过查询获取一个"可作业面积占面积的百分比"的列。此时可以在选择列字段中产生一个派生列，它具有以下形式：可作业面积/面积。

要指定一个派生列，可以在"选择列"域中输入一个表达式。派生列表达式由列名、运算符（如 +、- 等）和函数（如 UCase$ 函数，它将字符串列转换为大写字母）组成。如果不能完成上述操作，可能需要在指定派生列前在"从表"域中输入一个或多个表名。

②指定派生列表达式

第一步，单击"选择列"域。域中出现插入符。

第二步，从"选择列"域中删去星号（若星号还存在）；

第三步，输入列表达式。列表达式应包含一个或多个列名。如果表达式包含多个列名，通常应有运算符来将列名连接形成一个派生值表达式。在列表达式中可以使用多种不同的函数和运算符。

第四步，可以给列表达式起一个别名。若要指定别名，可在列表达式后键入一个空格，然后键入别名用双引号括住。在浏览窗口中显示结果表时，别名会出现在对应列的顶部。若不给定别名，程序将使用表达式内容作为缺省别名。

第五步，指定其他的列名或派生列表达式，用逗号分隔多个表达式。

③选择显示在结果表中的列　结果表中只包括在"选择列"域中输入的一个或多个列。这个功能在表中有许多列而只希望使用其中少数列时很有用。输入一系列列名步骤如下：

第一步，在"从表"域中输入表名。可以直接输入表名或在"表"下拉式列表中选择表名。

第二步，单击"选择列"域，该域中出现插入符。

第三步，如果该域中有星号，用 Backspace 键或 Delete 键将其删除。"选择列"域中可以含有一个星号或者一系列列名。

第四步，在对话框右侧的"列"下拉列表中选择一个列名。程序将该列名复制到"选择列"域中。

第五步，若要查询表中包含多个列，可以在"列"下拉式列表中选择其他列名。

④使用"SQL 选择"对话框选择列字段　使用"选择列"域来指定查询结果表中应该出现哪些列。若想结果表中含有与原始表相同的列集，在"选择列"域中输入一个星号(*)。若想结果表中含有的列集与原始表不同，删除星号，并输入用逗号分隔的一系列列名或表达式。"选择列"域可包含星号或一系列表达式，但二者不可得兼。在填写"选择域"之前，请先填好"从表"域。若查询涉及多个表，每个列名前必须加上表名，用句点分开表名和列名。若要执行涉及两个表的查询，则必须使用列表达式。无论何时使用两个或多个表，"列"下拉式列表会自动将表名插入到列名前。

⑤连接两个或多个表　"SQL 选择"允许创建关系型连接，从而可将来自不同表的信息汇集到单个结果表中。若要连接两个表，必须确定第一个表中是否有一列含有能匹配第二个表中某一列的值。假设造林作业设计表中含有作业区名称，而作业区表中也有一列作业区名称，这样，两个表有一个公共列，即作业区，程序能利用该公共字段将两表连接起来。

在"SQL 选择"对话框中，可使用"条件"域来连接这两个表。SQL 选择对话框如下：

选择列：*

从表：造林作业设计，作业区

条件：造林作业设计，作业区号＝作业区，作业区号

表名顺序("从表"域中)很重要，若两个表都含有地图对象，结果表将只保留"从表"域中第一个表的地图对象。当查询完成时，程序自动从"从表"域的第一个表中选择部分或全部记录。

可以使用"更新列"来修改 SQL 选择多表连接的结果。若想用另一个表中的信息更新某个表中的一列时，可操作步骤如下：

第一步，用"SQL 选择"连接表。

第二步，对 Selection 使用"更新列"。更新将自动对适当的基础表生效。

⑥执行子选择　"SQL 选择"中允许有子选择。子选择是被放在"SQL 选择"对话框中的"条件"域内的选择语句。程序首先对子选择求值，接着使用子选择的结果对主"SQL 选择"求值。子选择必须用括号括起来。最常用的子选择包含一个 select 子句，一个 from 子句和一个 where 子句，如下所示：

select 某些列 from 某些表 where 某些条件。

子选择要注意几点：

第一，可以在子选择中使用没有列在"从表"域中的表。然而，必须列出那些出现在子选择的 From 子句中的表。

第二，当子选择使用了"any"或"all"关键字时，子选择必须返回一个且仅有一个列。下述语法示例不合法，因为它试图返回两列(面积和作业面积)：Any(select 面积，作业面积 from 造林作业设计)

第三，当子选择没有使用"any""all"或"in"时，子选择必须恰好返回一行值。下述示例不正确，因为子选择返回一组记录：obj within(select obj from 造林作业设计 where 面积 ＞20 000)。

第四，子选择没有使用"any"、"all"或"in"时，不能在子选择中使用按列分组子句。

第五，不能使用嵌套的子选择，这就是说每个选择语句只能有一个子选择。

⑦设置过滤规则　过滤条件是常用于比较列值与其他值的逻辑表达式。例如，下面的过滤条件使用大于运算符（＞）来检查"造林面积"列的值是否大于100。

"条件"：造林面积＞100

如果查询包括上述"条件"子句，程序将只选择造林面积大于100的行。如果表达式被词 and 或 or 隔开，"条件"子域可包含两个或多个逻辑表达式。如果表达式被词 and 连接，程序只选择满足全部两个条件的行。如果表达式被词 or 连接，程序选择满足任一条件的所有行。过滤条件可使用基础表的任何列，而不管该列是否被包含在"选择列"字域。列可用列名或列号指定，列号指定该列在"选择列"中的顺序。例如，"col1"和"col6"分别为第一列与第六列，列号前必须有三个字母"col"。

⑧使用"SQL 选择"对话框的"条件"字段　"条件"域有好几个作用。某些情况下，你可能要使用一个条件表达式来过滤表，以便只看到那些满足一定准则的行。在其他情况下，可使用条件域来指定关系连接，从而查询能包括二个或多个表中的列。

注意：不能在"条件"域中使用聚合函数。

在"SQL 选择"对话框中使用"按列排序"域，可将结果表的记录排序。排序影响在浏览窗口中记录从上而下出现的顺序。若想把浏览窗口作为报表打印，则有可能要将结果表排序。"按列排序"域是可选的；若将此域留为空白，结果表不排序。若在"按列排序"域内输入一个列名，程序按照该列内容来对结果表排序。

⑨按列分组示例　假设有一个造林作业设计表。该表中每一行表示单个造林小班。表中一列包含作业区名字，另一列含有成活率，还有一列包含可作业面积。对每个作业区，要找出：

- 该作业区的造林小班数目；
- 该作业区的平均成活率；
- 该作业区的可作业面积。

以下"SQL 选择"查询产生所需结果：

选择列：作业区, count(*), average（成活率）, sum（可作业面积）

从表：造林作业设计

按列分组：作业区

请注意"按列分组"域和"选择列"域的三个聚合运算符。程序进行以下处理：

- 找出特定作业区涉及的所有行；
- 统计行数：Count(*)；
- 计算该作业区的平均成活率：Avg（成活率）；
- 计算该作业区的总可作业面积：Sum（可作业面积）。

程序对每个作业区进行处理并生成一个结果表，在该表中每个作业区占单个行。聚合运算符（Count, Avg 和 Sum）对作业区值相同的所有行小计数据值。

⑩使用"按列分组"字段分类汇总结果表　"SQL 选择"对话框中的"按列分组"域是可选的。若在该域中输入一个或多个列名，结果表将含有表的分类汇总或聚合信息。当在

"按列分组"域指定值时，程序查询指定列以找出该列中哪些行的值相同。这样，若你有一个造林作业设计数据库，并按县名列分组，程序会将所有永寿县的造林小班放入一组，所有常宁镇的造林小班放入另一组，等等。然后，计算每一组的聚合信息（总计、平均等）。

指定分类汇总标准：

a. 在"按列分组"域中，输入程序用于计算分类汇总的列的列名或列号。

例如，若要按县总计造林小班表，可输入表示造林小班所在县的列的列名(如县名)。

b. 在"选择列"域中，输入同一列名(如县名)。

c. 在"选择列"域中，输入一个或多个运算符(Sum、Count、Avg、Min 或 Max)。记住要用逗号分隔开聚合运算符。

例如，若要统计每县有多少造林小班，输入表达式：Count(*)。若要计算各县总造林面积，输入表达式如 Sum(造林面积)(其中造林面积是列名)。"选择列"域中不是基于聚合函数的所有列必须列在"按列分组"域中。它们是程序用于确定分组情况的列。对这些列的每个唯一数据值的集合在查询表中单占一行。派生列应该用表示相对位置的数字来指定，如"1"、"2"、"5"分别代表第一、二、五列。

例如：

选择列：Avg（成活率），Count(*)

从表：造林小班设计

按列分组：1

这一查询表示程序统计记录了某特造林成活率的所有行，并生成一个按成活率分组的查询表。结果表中每个成活率占一行，该行中有一列给出该成活率有多少个小班。在"按列分组"域中，应该用列名或列号来引用列(其中 1 代表"选择列"域中的第一个列)。若未用表连接，则可以使用普通的列名。若要按照派生列的值分组或要将表连接，则必须使用列号而不是列名。当按列号引用列时，请勿加前缀"col"。在"按列分组"域中可输入多个列。程序首先按照列出的第一列将行分组。在那些组内，程序再按第二列将行分组，依此类推。对每个结果记录，查询表含有根据聚合函数得到的所有列的聚合值。

注意："选择列"域中基于聚合函数的列不能放在"按列分组"域中，而且"选择列"域中非聚合运算符的每个列都必须放在"按列分组"域中。

本章小结

造林(经营)作业设计 CAD 系统 XL1.0 满足了林业基层单位造林(经营)设计和林业生态工程项目施工信息的管理需要。系统顶层由造林(经营)设计模块、信息管理模块和图表输出模块组成。每个模块由上至下又可分解成相对简单的子模块，实现造林(经营)设计和信息管理的工作需要。

系统的工作流程：打开电子地图，进入造林(经营)设计模块，放大、缩小、移动电子地图并找到造林地块，使用画图工具在电子地图上进行造林小班勾绘，完成图形数据和属性数据录入，建立造林(经营)设计信息库。然后进行造林小班信息的综合查询和统计计算，对需要修改的造林(经营)设计进行编辑修改，当达到最优化设计之后，即可进行制作报表、绘制打印作业设计图等工作。

参考文献

王治国，张云龙. 2000. 林业生态工程学[M]. 北京：中国林业出版社.

王礼先，张忠，等. 1994. 流域管理信息系统[M]. 北京：中国林业出版社.

毕华兴，朱金兆. 1999. 林业生态工程信息管理网络初探[J]. 土壤侵蚀与水土保持学报，5(6)：76-81.

何正伟，黄润秋，等. 2004. 林业信息系统体系构建分析[M]. 成都理工大学学报(自然科学版)，31(1)：81-85.

张剑平，任福继，叶荣华，等. 1999. 地理信息系统与 MapInfo 应用[M]. 北京：科学出版社.

周早弘. 2004. 基于"3S"技术的数字林业的思考[J]. 华东森林经理，18(1)：57-60.

黄杏元，汤勤. 1989. 地理信息系统概论[M]. 北京：高等教育出版社.

附录1　土地利用现状分类(GB/T 21010－2007)

一级分类		二级分类		含　义
代码	名　称	代码	名　称	
1	耕　地			指种植农作物的土地，包括熟地，新开发、复垦、整理地，休闲地(含轮歇地、轮作地)；以种植农作物(含蔬菜)为主，间有零星果树、桑树或其他树木的土地；平均每年能保证收获一季的已垦滩地和海涂。耕地中包括南方宽度＜1.0m，北方宽度＜2.0m固定的沟、渠、路和地坎(埂)；临时种植药材、草皮、花卉、苗木等的耕地，以及其他临时改变用途的耕地
		11	水田	指用于种植水稻、莲藕等水生农作物的耕地。包括实行水生、旱生农作物轮种的耕地
		12	水浇地	指有水源保证和灌溉设施，在一般年景能正常灌溉，种植旱生农作物的耕地。包括种植蔬菜等的非工厂化的大棚用地
		13	旱地	指无灌溉设施，主要靠天然降水种植旱生农作物的耕地，包括没有灌溉设施，仅靠引洪淤灌的耕地
2	园　地			指种植以采集果、叶、根、茎、汁等为主的集约经营的多年生木本和草本作物，覆盖度大于50%和每亩株数大于合理株数70%的土地。包括用于育苗的土地
		21	果园	指种植果树的园地
		22	茶园	指种植茶树的园地
		23	其他园地	指种植桑树、橡胶、可可、咖啡、油棕、胡椒、药材等其他多年生作物的园地
3	林　地			指生长乔木、竹类、灌木的土地，及沿海生长红树林的土地。包括迹地，不包括居民点内部的绿化林木用地、铁路、公路征地范围内的林木，以及河流、沟渠的护堤林
		31	有林地	指树木郁闭度≥0.2的乔木林地，包括红树林地和竹林地
		32	灌木林地	指灌木覆盖度≥40%的林地
		33	其他林地	包括疏林地(指树木郁闭度10%～19%的疏林地)、未成林地、迹地、苗圃等林地

(续)

一级分类		二级分类		含 义
代码	名　称	代码	名　称	
4	草　地			指生长草本植物为主的土地
		41	天然牧草地	指以天然草本植物为主，用于放牧或割草的草地
		42	人工牧草地	指人工种植牧草的草地
		43	其他草地	指树木郁闭度<0.1，表层为土质，以生长草本植物为主，不用于畜牧业的草地
5	商服用地			指主要用于商业、服务业的土地
		51	批发零售用地	指主要用于商品批发、零售的用地。包括商场、商店、超市、各类批发(零售)市场、加油站等及其附属的小型仓库、车间、工场等的用地
		52	住宿餐饮用地	指主要用于提供住宿、餐饮服务的用地。包括宾馆、酒店、饭店、旅馆、招待所、度假村、餐厅、酒吧等
		53	商务金融用地	指企业、服务业等办公用地，以及经营性的办公场所用地。包括写字楼、商业性办公场所、金融活动场所和企业厂区外独立的办公场所等用地
		54	其他商服用地	指上述用地以外的其他商业、服务业用地。包括洗车场、洗染店、废旧物资回收站、维修网点、照相馆、理发美容店、洗浴场所等用地
6	工矿仓储用地			指主要用于工业生产、采矿、物资存放场所的土地
		61	工业用地	指工业生产及直接为工业生产服务的附属设施用地
		62	采矿用地	指采矿、采石、采砂(沙)场，盐田，砖瓦窑等地面生产用地及尾矿堆放地
		63	仓储用地	指用于物资储备、中转的场所用地
7	住宅用地			指主要用于人们生活居住的房基地及其附属设施的土地
		71	城镇住宅用地	指城镇用于生活居住的各类房屋用地及其附属设施用地。包括普通住宅、公寓、别墅等用地
		72	农村宅基地	指农村用于生活居住的宅基地

(续)

一级分类		二级分类		含义
代码	名称	代码	名称	
8	公共管理与公共服务用地			指用于机关团体、新闻出版、科教文卫、风景名胜、公共设施等的土地
		81	机关团体用地	指用于党政机关、社会团体、群众自治组织等的用地
		82	新闻出版用地	指用于广播电台、电视台、电影厂、报社、杂志社、通讯社、出版社等的用地
		83	科教用地	指用于各类教育，独立的科研、勘测、设计、技术推广、科普等的用地
		84	医卫慈善用地	指用于医疗保健、卫生防疫、急救康复、医检药检、福利救助等的用地
		85	文体娱乐用地	指用于各类文化、体育、娱乐及公共广场等的用地
		86	公共设施用地	指用于城乡基础设施的用地。包括给排水、供电、供热、供气、邮政、电信、消防、环卫、公用设施维修等用地
		87	公园与绿地	指城镇、村庄内部的公园、动物园、植物园、街心花园和用于休憩及美化环境的绿化用地
		88	风景名胜设施用地	指风景名胜（包括名胜古迹、旅游景点、革命遗址等）景点及管理机构的建筑用地。景区内的其他用地按现状归入相应地类
9	特殊用地			指用于军事设施、涉外、宗教、监教、殡葬等的土地
		91	军事设施用地	指直接用于军事目的的设施用地
		92	使领馆用地	指用于外国政府及国际组织驻华使领馆、办事处等的用地
		93	监教场所用地	指用于监狱、看守所、劳改场、劳教所、戒毒所等的建筑用地
		94	宗教用地	指专门用于宗教活动的庙宇、寺院、道观、教堂等宗教自用地
		95	殡葬用地	指陵园、墓地、殡葬场所用地

(续)

一级分类		二级分类		含 义
代码	名 称	代码	名 称	
10	交通运输用地			指用于运输通行的地面线路、场站等的土地。包括民用机场、港口、码头、地面运输管道和各种道路用地
		101	铁路用地	指用于铁道线路、轻轨、场站的用地。包括设计内的路堤、路堑、道沟、桥梁、林木等用地
		102	公路用地	指用于国道、省道、县道和乡道的用地。包括设计内的路堤、路堑、道沟、桥梁、汽车停靠站、林木及直接为其服务的附属用地
		103	街巷用地	指用于城镇、村庄内部公用道路(含立交桥)及行道树的用地。包括公共停车场、汽车客货运输站点及停车场等用地
		104	农村道路	指公路用地以外的南方宽度≥1.0m、北方宽度≥2.0m的村间、田间道路(含机耕道)
		105	机场用地	指用于民用机场的用地
		106	港口码头用地	指用于人工修建的客运、货运、捕捞及工作船舶停靠的场所及其附属建筑物的用地,不包括常水位以下部分
		107	管道运输用地	指用于运输煤炭、石油、天然气等管道及其相应附属设施的地上部分用地
11	水域及水利设施用地			指陆地水域,海涂,沟渠、水工建筑物等用地。不包括滞洪区和已垦滩涂中的耕地、园地、林地、居民点、道路等用地
		111	河流水面	指天然形成或人工开挖河流常水位岸线之间的水面,不包括被堤坝拦截后形成的水库水面
		112	湖泊水面	指天然形成的积水区常水位岸线所围成的水面
		113	水库水面	指人工拦截汇集而成的总库容≥$10 \times 10^4 m^3$的水库正常蓄水位岸线所围成的水面
		114	坑塘水面	指人工开挖或天然形成的蓄水量<$10 \times 10^4 m^3$的坑塘常水位岸线所围成的水面
		115	沿海滩涂	指沿海大潮高潮位与低潮位之间的潮浸地带。包括海岛的沿海滩涂。不包括已利用的滩涂

（续）

一级分类		二级分类		含 义
代码	名 称	代码	名 称	
11	水域及水利设施用地	116	内陆滩涂	指河流、湖泊常水位至洪水位间的滩地；时令湖、河洪水位以下的滩地；水库、坑塘的正常蓄水位与洪水位间的滩地。包括海岛的内陆滩涂。不包括已利用的滩地
		117	沟渠	指人工修建，南方宽度≥1.0m、北方宽度≥2.0m用于引、排、灌的渠道，包括渠槽、渠堤、取土坑、护堤林
		118	水工建筑用地	指人工修建的闸、坝、堤路林、水电厂房、扬水站等常水位岸线以上的建筑物用地
		119	冰川及永久积雪	指表层被冰雪常年覆盖的土地
12	其他土地			指上述地类以外的其他类型的土地
		121	空闲地	指城镇、村庄、工矿内部尚未利用的土地
		122	设施农用地	指直接用于经营性养殖的畜禽舍、工厂化作物栽培或水产养殖的生产设施用地及其相应附属用地，农村宅基地以外的晾晒场等农业设施用地
		123	田坎	主要指耕地中南方宽度≥1.0m、北方宽度≥2.0m 的地坎
		124	盐碱地	指表层盐碱聚集，生长天然耐盐植物的土地
		125	沼泽地	指经常积水或渍水，一般生长沼生、湿生植物的土地
		126	沙地	指表层为沙覆盖、基本无植被的土地。不包括滩涂中的沙地
		127	裸地	指表层为土质，基本无植被覆盖的土地；或表层为岩石、石砾，其覆盖面积≥70%的土地

附录2 我国造林分区及主要造林树种

区 域	范 围	主要造林树种
1. 大兴安岭山地	洮儿河以北的大兴安岭山区	兴安落叶松、樟子松、红皮云杉、白桦、蒙古栎、甜杨、朝鲜柳、杨树
2. 小兴安岭、长白山山地	沈丹线以北的小兴安岭、张广才岭、长白山山区	红松、兴安落叶松、长白落叶松、鱼鳞松、樟子松、长白松、赤松、红皮云杉、冷杉、白桦、水曲柳、黄波罗、核桃楸、紫椴、糠椴、蒙古栎、槭树、黄榆、杨树
3. 松辽平原	内蒙古东部、黑龙江和吉林中西部平原地区、辽宁的辽河平原	樟子松、油松、兴安落叶松、长白落叶松、日本落叶松、白榆、小黑杨、小钻杨、三北一号杨、旱柳、灌木柳、垂暴109柳、胡枝子、紫穗槐、沙棘
4. 内蒙古东部与冀北坝上高原山地	包括内蒙古东部、洮儿河以南大兴安岭余脉及河北坝上高原山地	樟子松、华北落叶松、红皮云杉、油松、蒙古栎、白榆、小黑杨、大青杨、旱柳、胡枝子、沙棘、山杏、山楂
5. 华北中原平原	长城以南、太行山以东、淮河以北的平原及汾、渭平原地区	侧柏、圆柏、毛白杨、群众杨、沙兰杨、I-214杨、I-72杨、I-69杨、刺槐、旱柳、白榆、臭椿、槐树、楸树、泡桐、水杉、桑、梨、苹果、桃、杏、枣、花椒、葡萄、白蜡、杞柳、紫穗槐、柽柳
6. 燕山、太行山山地	冀北(不含坝上)、冀西、北京、晋东的燕山、太行山山区	油松、侧柏、华北落叶松、日本落叶松、刺槐、栓皮栎、槲栎、臭椿、香椿、元宝枫、黄檫、毛白杨、群众杨、旱柳、核桃、板栗、柿、枣、山桃、山杏、山楂、花椒、苹果、杜梨、沙棘、胡枝子、紫穗槐、黄栌
7. 辽南与山东丘陵	辽东半岛丘陵山地、山东省津浦路以东的丘陵山地(胶莱盆地列入5区)	油松、赤松、黑松、侧柏、日本落叶松、萌芽松、刺槐、麻栎、栓皮栎、臭椿、楸树、白榆、香椿、银杏、毛白杨、旱柳、枫杨、黄连木、核桃、板栗、花椒、苹果、梨、桃、山楂、胡枝子、紫穗槐、黄栌
8. 黄土高原丘陵	太行山以西、大青山以南、日月山以东、秦岭以北的黄土丘陵地区	油松、华山松、华北落叶松、日本落叶松、侧柏、刺槐、旱柳、白榆、臭椿、毛白杨、河北杨、青杨、泡桐、楸树、桑、核桃、枣、花椒、山杏、山桃、桃、杏、苹果、梨、杜梨
9. 黄土高原土石山地	陇东子午岭、陕北、黄龙山和乔山、晋西、吕梁山、宁夏六盘山地区	油松、华山松、华北落叶松、日本落叶松、侧柏、白皮松、槭树、白榆、刺槐、辽东栎、旱柳、河北杨、白桦、红桦、山杏、柠条、沙棘
10. 华中山地	包括秦岭、大巴山、淮阳山地、伏牛山及湖北西北山地	杉木、马尾松、华山松、油松、湿地松、火炬松、日本落叶松、柏木、巴山松、秦岭冷杉、巴山冷杉、栓皮栎、麻栎、楸树、银杏、水杉、柳杉、泡桐、枫杨、核桃、油桐、乌桕、杜仲、漆树、毛竹、箭竹、慈竹、刚竹、刺槐、柑橘、五倍子、马桑

(续)

区 域	范 围	主要造林树种
11. 桐柏山、大别山、黄山、幕府山、天目山山地	淮河以南、钱塘江至洞庭湖以北的山地丘陵地区	杉木、马尾松、黄山松、柏木、湿地松、火炬松、柳杉、铅笔柏、麻栎、栓皮栎、苦楝、刺槐、楸树、榉树、苦槠、青栲、泡桐、银杏、毛竹、刚竹、淡竹、杜仲、厚朴、乌桕、漆树、油茶、油桐、板栗、柿、山核桃、香榧、桂花、桃、梨、李、茶、桑、胡枝子、紫穗槐
12. 长江中下游平原	淮河以南、钱塘江以北、宜昌以东的平原地区	水杉、池杉、刺槐、旱柳、枫杨、苦楝、泡桐、榉树、白榆、香椿、楸树、杉木、I-72杨、I-69杨、I-63杨、法国梧桐、垂柳、银杏、鹅掌楸、淡竹、刚竹、板栗、杜仲、乌桕、枇杷、桃、梨、桑、紫穗槐
13. 四川丘陵	大巴山以南、川西高原以东、巫山以西、四川雅安地区低地及贵州北部地区	柏木、藏柏、墨西哥柏、马尾松、杉木、日本落叶松、柳杉、秃杉、桢楠、桉树、麻栎、栓皮栎、青冈栎、樟树、檫树、鹅掌楸、川楝、光皮桦、梣木、栲类、喜树、木荷、黑荆树、泡桐、杨树、黄连木、珙桐、毛竹、慈竹、杜仲、厚朴、黄柏、乌桕、油茶、板栗、核桃、柑橘、银杏、漆树、白蜡、马桑
14. 南方山地丘陵	钱塘江、浙赣路及洞庭湖以南，南岭南麓以北，包括两广北部、浙南、黔东南及赣、湘、闽大部分的山地丘陵区	杉木、马尾松、柳杉、湿地松、火炬松、黄山松、华南五针松、福建柏、墨西哥柏、槠栲类、麻栎、栓皮栎、檫树、楠木、樟树、苦楝、枫香、南酸枣、红椿、木荷、山毛榉、鹅掌楸、刺槐、光皮桦、青冈栎、黄檀、窿缘桉、赤桉、大叶桉、楸树、水杉、重阳木、黑荆、泡桐、银杏、毛竹、茶秆竹、淡竹、黄柏、厚朴、杜仲、板栗、油茶、油桐、柑橘、茶、棕榈、杨梅、乌桕、山苍子、胡枝子、盐肤木
15. 华南热带地区	包括两广南部、云南南部及西南低地和海南岛、南海诸岛	马尾松、华南五针松、海南五针松、思茅松、水松、湿地松、火炬松、加勒比松、落羽杉、池杉、南亚杉、柚木、降香黄檀、母生、蚬木、火力楠、格木、石栎、枫香、樟树、苦楝、木荷、麻栎、窿缘桉、雷林1号桉、巨尾桉、尾叶桉、巨桉、柠檬桉、台湾相思、大叶相思、马占相思、粗果相思、桐木、木棉、椰子、八角、肉桂、黄槿、棕榈、青皮竹、撑秆竹、箣竹、千年桐、大果油茶、荔枝、杧果、龙眼、波罗蜜、余甘子、番石榴、厚皮香、柑橘、大王椰子、腰果、红树类
16. 台湾地区	台湾及其附近地区	红桧、台湾扁柏、台湾杉、马尾松、台湾云杉、杉木、柳杉、樟树、相思树、柚木、枫香

(续)

区域	范围	主要造林树种
17. 云南高原	包括云南大部分、贵州西部、广西百色以西地区及四川西南南部	云南松、思茅松、华山松、黄杉、苍山冷杉、冲天柏、滇油杉、杉木、墨西哥柏、藏柏、蓝桉、直干桉、栓皮栎、木荷、滇青冈、元江栲、高山栲、槭类、光皮桦、蒙自桤木、滇杨、滇楸、昆明朴、朴树、银杏、柚木、红椿、银桦、麻栎、黑荆、银荆、慈竹、油茶、核桃
18. 川滇藏甘高山山地峡谷	甘肃西南部、四川西部、云南北部和西藏东南部的峡谷地区	冷杉、云杉、华北落叶松、云南松、红杉、雪松、华山松、巨柏、白桦、红桦、木豆、山杨、青冈类、苦楝、箭竹、沙棘、小桐子、马桑、番石榴、新银合欢
19. 天山、祁连山山地	天山、祁连山海拔1700m以上的天地	天山云杉、青海云杉、西伯利亚落叶松、大果圆柏、祁连山圆柏、疣皮桦、山杨
20. 阿尔泰山地	阿尔泰较高山地	西伯利亚冷杉、西伯利亚落叶松、西伯利亚云杉、欧洲山杨、白桦
21. 内蒙古高原台地丘陵沙地	内蒙古中部半干旱地区、陕西北部沙地、宁夏北部沙区	樟子松、油松、旱柳、白榆、河北杨、小青杨、沙柳、黄柳、柽柳、山杏、沙棘、胡枝子、柠条、沙棘、紫穗槐、杞柳、毛条、花棒、踏郎
22. 西北荒漠半荒漠地区	新疆塔里木盆地、准噶尔盆地、甘肃河西走廊、青海柴达木盆地、宁夏西缘、内蒙古河套以西地区（灌溉绿洲另列）	沙枣、胡杨、灰杨、梭梭、白梭梭、柠条、柽柳、花棒、沙拐枣、沙柳、毛条、踏郎
23. 西北灌溉农业绿洲地区	新疆盆地绿洲、甘肃河西走廊绿洲、青海柴达木绿洲、宁夏前套和内蒙古后套地区	樟子松、新疆杨、箭杆杨、银白杨、二白杨、胡杨、旱柳、刺槐、白榆、槐树、沙枣、白蜡、桑、杏、柽柳、柠条、沙棘、梭梭、白梭梭、沙拐枣、紫穗槐、灌木柳类、核桃、枸杞、枣、苹果、苹果梨、梨、桃、巴旦杏
24. 青藏高原谷地	西部高山林区以西、藏北高原寒漠区以东	云杉、青海云杉、大果圆柏、小叶杨、高山松、乔松、侧柏、西藏云杉、藏川杨、北京杨、紫穗槐、沙棘

引自：张余田《森林营造技术》，2007。

附录3 我国主要造林树种适生条件

树种	主要生物学特性	主要适生地区	适宜立地条件
杉木	常绿乔木，中山呈中性偏喜光，低海拔丘陵区呈中性偏荫，浅根性，根穿透力弱，萌生性强，喜温湿，怕风怕旱，忌土壤瘠薄、板结、渍水，畏低温	亚热带地区，年平均气温15~20℃，极端最低气温不到-10℃，极端最高气温40℃以下，年降水量1 000~2 000mm，中山、低山、丘陵、中亚热带海拔800~1 000m以下的山地为中心产区	在当地适宜的海拔范围内，长山坡中部以下山腹、山麓、谷地，土层厚度70cm以上，腐殖质10cm以上，土壤疏松、湿润，排水良好的酸性土，以黄壤为最好，红黄壤、红壤也较宜，并且背风多雾的地带
马尾松	常绿乔木，极喜光，深根性，适应性强，耐土质瘠薄，喜酸性土壤，忌水湿，不耐盐碱，不耐弱光照	亚热带地区，年平均气温13~22℃，极端最低气温不到-10℃，年降水量800~1 900mm，海拔600~800m以下的中、低山及丘陵	湿润、肥沃的山坡生长较快，山脊、阳坡（土层过于浅薄外）酸性的黏土、砂土、石砾土都适于生长
湿地松	常绿乔木，极喜光，主、侧根发达，喜低海拔潮湿地带，耐水湿，不耐长期积水，耐瘠薄，不耐阴	亚热带地区，年平均气温15~23℃，极端最低气温不到-17℃，年降水量1 000~1 600mm，海拔600m以下的山地、丘陵、平原	黄壤、红壤、砖红壤、沿海沙地、短期积水低湿地
火炬松	常绿乔木，极喜光，深根性，主、侧根发达，喜肥沃湿润，较耐干旱瘠薄，不耐水湿、渍涝、盐碱	亚热带地区，年平均气温15~23℃，极端最低气温不到-17℃，年降水量660~1 600mm，海拔600m以下的山地、丘陵	丘陵、山地中性、酸性黄褐土、黄壤、红壤、土层深厚肥沃、排水良好，背风向阳地带
华山松	常绿乔木，中性或中性偏喜光，深根性，喜温和、凉爽、较为湿润的环境，较耐寒，不耐水湿	暖温带、亚热带西部高海拔地区，年平均气温6~15℃，极端最低气温不到-30℃，年降水量600~1 500mm，海拔1 000~3 300m，相对湿度70%以上的山地	山地中性、酸性黄褐土、黄壤、红黄壤、土层深厚肥沃、排水良好地带并以森林棕壤、草甸土生长良好
云南松	常绿乔木，极喜光，深根性，主、侧根发达，较耐干旱瘠薄，在全光下天然更新良好	西南高原地区，年平均气温12.5~17℃，极端最低气温不到-7℃，年降水量900~1 300mm，冬无严寒，夏秋多雨，无酷热，干湿季分明，海拔1 600m以上山地	山地排水良好的酸性山地红壤、黄壤、紫色土、棕色森林土壤、石灰岩风化土壤
思茅松	常绿乔木，极喜光，深根性，喜高温湿润环境，不耐寒冷，不耐干旱瘠薄土壤	云南南部南亚热带与热带地区，年平均气温17~22℃，年降水量1 500mm以上，相对湿度80%以上，海拔600~1 700m的宽谷、盆地周围低山、丘陵及河流两岸山地。云南中部、四川西昌地区在同海拔地区引种，生长良好	土层深厚的山地红壤、砖红壤化红壤、幼年红壤

(续)

树种	主要生物学特性	主要适生地区	适宜立地条件
柳杉	常绿乔木,喜光,浅根性,无明显主根,侧根发达,喜温暖高湿,夏季无酷热的生境;抗风性、耐寒性、抗雪压能力较好	亚热带地区,年平均气温14~19℃,1月平均气温0℃以上,年降水量1 000mm以上,空气湿度大,多云雾弥漫的地区,东部海拔1 000~1 400m以下,西部云、贵、川地区1 600~2 400m山地最适宜	土层深厚湿润、疏松、透水性强的酸性土壤,如山地黄棕壤、黄壤等为宜,并且风小雾多的地带
水杉	落叶乔木,喜光,根系发达,喜温湿气候与湿润土壤,不耐干旱,但又忌水湿	亚热带、暖温带地区,年平均气温12~20℃,极端最低气温不到-18℃,年降水量800~1 770mm,海拔1 600m以下的山地、丘陵、平原	山地溪谷旁、山足平缓地、斜缓坡土层深厚、湿润、排水良好地带,平原冲积土、四旁等土壤湿润、肥沃、深厚地带
池杉	落叶乔木,喜光,喜温湿,耐水湿,能在季节性浅水中正常生长,抗风性、萌生性强,不耐盐碱	亚热带、暖温带南部地区,年平均气温15~20℃,极端最低气温不到-17℃,年降水量1 000~1 770mm的平原、水旁、山谷	平原酸性、中性土,四旁,稻田埂,池、湖、水库周围季节性浅水地带,山谷低凹地等处土壤潮湿但不过于黏重的地带
雪松	常绿乔木,喜光,幼年稍耐荫,浅根性,喜温和凉爽,大苗能耐-25℃的低温,较耐干旱瘠薄,不耐水湿,抗风、抗烟害能力差	青藏高原西部1 200~3 300m山地,暖温带至中亚热带湿润、半湿润气候区,平原、丘陵、低山缓坡,北京、大连以南至长江中下游大中城市广为栽培	以土层深厚、肥沃、排水良好的山地缓坡酸性土壤生长最好,平原排水良好、地下水位不高的冲积土也能生长
油松	常绿乔木,喜光,深根性,根系发达,略耐瘠薄和干旱,喜温湿,不耐水湿和盐碱,不耐弱光照	温带南部、暖温带地区,年平均气温5~16℃,极端最低气温不到-25℃,年降水量500~1 000mm,海拔1 600m以下山地、丘陵、平原	以深厚肥沃、土壤通气状况良好的山地轻质棕壤及淋溶褐土上生长最好,平原地区要求排水良好的壤土、砂壤土
白皮松	常绿乔木,喜光,深根性,喜干冷气候,能耐-30℃低温,不耐湿热,不耐积水或盐碱,生长较慢	温带、暖温带半湿润气候区海拔1 800m以下的山地、丘陵与排水良好的平原	以湿润肥沃的钙质土或黄土生长最好,酸性基岩风化土、石灰岩山地及平原排水良好的冲积土也适于生长
侧柏	常绿乔木,喜光,浅根性,须根发达,极耐干旱瘠薄,耐盐碱,生长稳定长寿,但较慢	温带南缘、暖温带、亚热带地区,年平均气温8~20℃,极端最低气温不到-35℃,年降水量300~1 600mm,从北至南,在海拔500~1 800m以下的山地、丘陵、平原	以上层深厚、疏松、肥沃生长最好,但山地土层浅薄的粗骨土、石灰性土,岩缝中,中、弱度盐渍土、沙丘上均能生长

附录3　我国主要造林树种适生条件

（续）

树种	主要生物学特性	主要适生地区	适宜立地条件
柏木	常绿乔木，喜光，稍耐侧方庇荫，侧根发达，喜温湿，耐寒性差，能在钙质土上生长，是紫色土页岩钙质土、石灰岩山地钙质土的主要针叶树种	亚热带地区，年平均气温13～19℃，极端最低气温不到－5℃，年降水量1 000～1 500 mm，从东至西，海拔400～2 000m以下的山地、丘陵	钙质紫色土和石灰岩山地钙质土最适宜生长，深厚、疏松、肥沃的中性、酸性土壤也适宜生长
红皮云杉	常绿乔木，较耐荫，浅根性，耐寒性、耐湿性较强，后期生长较快	温带地区，年平均气温0～6℃，极端最低气温不到－40℃，年降水量500～800mm，空气湿润的东北东部海拔300～1 800m的山地	土层深厚、肥沃、湿润、排水良好的山麓缓坡、小台地，山地棕色森林土壤，空气湿度较大的地带
红松	常绿乔木，喜光，但幼年耐荫，浅根性，侧根发达，喜温和凉爽空气湿度较大的生境，耐寒	温带地区，年平均气温－6℃，极端最低气温－50℃以上，年降水量750～1 200mm，相对湿度较高，从北至南，海拔300～1 300m的山地	土层深厚、肥沃、通气排水良好的酸性壤质土壤生长最好，在土层较薄、肥力较差处也能生长
兴安落叶松	落叶乔木，喜光，适应性强，耐严寒，喜水肥，耐水湿，并耐瘠薄土壤，生长较快	寒温带、温带地区，年平均气温0～4℃，极端最低气温－52℃以上，有岛状分布的永冻层，年降水量350～600mm，山地、丘陵、沼泽、平原，一般多在海拔500～1 200m	在湿润肥沃和排水良好的山腹中下部缓坡地生长最好，在较瘠薄的山地石砾土、水湿的河谷沼泽地均能生长成林
长白落叶松	落叶乔木，极喜光，浅根性，喜湿润，耐严寒，较耐干旱	温带地区的长白山、张广才岭、老爷岭等地，年平均气温2.5～10℃，年降水量750～1 000 mm，海拔700～1 900m的山地、沼泽	以湿润肥沃的砂壤土、疏松的黏土、河谷冲积土及滩地生长最好，排水良好的草甸土也较适宜，沼泽地则生长较慢
华北落叶松	落叶乔木，极喜光，根系发达，喜生于高寒地带	华北温带、暖温带地区，年平均气温－2～4℃，1月平均气温－20℃左右，年降水量600～900mm，海拔1 400～3 000m的山地	花岗岩、片麻岩、沙页岩发育的深厚肥沃湿润的山地棕壤生长最好，山地灰棕壤、淋溶褐色土、褐色土、淡栗钙土也较适宜
日本落叶松	落叶乔木，喜光，根系较浅，喜温凉湿润生境，不耐干旱瘠薄，早期速生	北纬45°以南温带、暖温带地区及亚热带高海拔山地，年平均气温2.4～12℃，年降水量500～1 400mm，空气湿度大的地带，华北1 200 m以上，华中、西南1 600～2 500m以上，东北南部200m左右	土层深厚、疏松、肥沃、排水良好的壤质土，其生境要求：最北部低海拔地区背风向阳地带；吉林市以南至辽东半岛，选200m以上的阴坡、半阴坡、半阳坡

(续)

树种	主要生物学特性	主要适生地区	适宜立地条件
樟子松	常绿乔木，极喜光，根系发达，耐干旱严寒，耐瘠薄土壤	寒温带温带地区，年平均气温 -4 ~ 8℃，极端最低气温不到 -50℃，年降水量 350 ~ 600mm，海拔 200 ~ 900m 的山地、丘陵、平原	薄层土的山地、丘陵，酸、中性土壤，沙地均可生长，但以排水良好的深厚土壤生长最好
银杏	落叶乔木，喜光，深根性，对温度适应范围广，具有一定耐旱性，不耐水湿，寿命长	温带暖温带、亚热带地区，年平均气温 10 ~ 18℃，极端最低气温不到 -20℃，年降水量 600 ~ 1 500mm，山地、丘陵、平原，南亚热带海拔 2 000m 以下，中亚热带 1 000m 以下，其他仅生于低海拔地区	除干燥瘠薄山坡、盐碱地、低湿地外，酸性土、中性土、钙质土均适宜生长，但以深厚、湿润、肥沃、排水良好的砂壤土生长最好
窿缘桉	常绿乔木，极喜光，适应性强，耐干旱瘠薄，耐短期霜冻，抗风性、萌生性强	北纬 20° ~ 25° 的热带、亚热带湿润、半湿润地区，年平均气温 18℃以上，极端最低气温不到 0℃，年降水量 1 500mm 左右，低海拔山地、丘陵、平原、台地	低海拔地带，除土壤流失严重，土层很薄的山地外，凡酸性红壤、黄壤、砖红壤、红色土、黄色土和冲积土沙地等均能正常生长，以疏松、深厚的土壤生长最好
巨桉	常绿乔木，极喜光，喜温暖而不耐炎热，可耐 -5℃ 的低温，生长迅速，树干通直圆满，但抗风力弱	南亚热带及热带高地，年平均气温 15 ~ 25℃，最热月最高气温 29 ~ 32℃，最冷月平均气温 5 ~ 6℃，年降水量 1 000 ~ 1 800mm，无台风的地带	以土层深厚、肥沃、排水良好的各类壤质土或较黏重土壤生长最好；在土层厚度适中的轻砂壤土生长较好
尾叶桉	常绿乔木，极喜光，喜高温多湿，具一定耐干耐瘠薄能力，可耐 -3℃ 短期霜冻，干形好，生长迅速，萌生能力强，但抗风力弱	北纬 18° ~ 24.5° 的范围内，适生于年平均气温 18 ~ 28℃，最冷月平均气温 8 ~ 12℃，极端最低气温不低于 -3℃，年降水量 1 000 ~ 2 500mm 的热带、南亚热带的无台风地区、海拔 500m 以下的低山、丘陵、台地、平原	华南各类型土壤生长表现均好，而以土层深厚、湿润、排水良好的非石灰岩发育的中壤到重黏性土壤生长最好
柠檬桉	常绿乔木，极喜光，深根性，初期生长较快，抗风力强，耐寒力弱	热带、南亚热带地区，年平均气温 18℃ 等温线以南，极端最低气温 0℃ 以上，年降水量 1 000 ~ 2 000mm，低海拔的丘陵、平原、台地与山麓缓坡	低海拔地势平缓处，土层深厚、疏松、湿润、排水良好的红壤、黄壤、冲积土上均生长良好，较为干燥瘠薄的酸性土壤也能适应
直干桉	常绿乔木，喜光，深根性，生长快，干形好	亚热带地区海拔 1 500 ~ 1 900m 的西南山间平缓地，年平均气温 15 ~ 20℃，极端最低气温不低于 -2.5℃，年降水量 850 ~ 1 500mm，夏无酷热，冬无严寒的地区	高平原四旁，高海拔平缓的山脚，土层深厚、湿润肥沃的酸性土或石灰性土壤

附录3　我国主要造林树种适生条件

(续)

树种	主要生物学特性	主要适生地区	适宜立地条件
赤桉	常绿乔木，喜光，根系发达，适应性强，既耐干旱，又耐水湿，既耐寒冷，又耐炎热，抗风力强	是桉树分布最广的树种，从云南南部到陕西阳平关均有栽培，以云南南部及四川西南部栽培最多，在金沙江干热河谷中，年平均气温20.4℃，年降水量600mm，年相对湿度55%左右，仍能旺盛生长，并在阳平关可耐-10.1℃的低温，适生于海拔1 477 m以下地带	除土层浅薄地及钙质土外，其他酸性、中性、微碱性土上均生长良好，在沙质土也能适应，而以深厚的冲积土和红黄壤生长最快
木麻黄	常绿乔木，极喜光，深根性，侧根发达，具固氮菌根，喜温湿，耐沙压及海潮短期淹渍，耐水湿，但不耐干旱，生长迅速，幼中龄林抗风力强	北纬28.3°以南的亚热带、热带地区，年平均气温16.3～24℃，极端最低温度不低于-3.8℃，年降水量800 mm以上，平原、滨海沙地、低山	沿海流动细沙地、盐碱滩地，冲积平原及沿海丘陵、低山坡地土壤疏松、不过于黏重的地带
台湾相思	常绿乔木，强喜光，深根性，耐干旱瘠薄和水湿，抗风性、萌生性强，不耐寒冻	热带、南亚热带地区，年平均气温18～26℃，极端最低气温不低于-5.4℃，年降水量1 300～3 000 mm，低海拔山地、丘陵、平原	除在立地条件较好地带生长较好外，在水土流失的丘陵、岩石裸露的山地、沿海沙地以及黏重土壤均能正常生长，但石灰岩山地生长不良
大叶相思	常绿乔木，喜光，适应性强，但耐寒性差，生长迅速，具有一定的萌生性	北纬23°以南的热带地区，极端最低气温5℃以上，年降水量1 000～2 000mm的低海拔山地、丘陵、台地、平原	除土层浅薄的地带外，在沙滩地、砖红壤、红壤、重黏土、砾质土均能生长
樟树	常绿乔木，喜光，主根强大，根系发达，喜温湿气候，适应性强，生长较快，寿命较长	亚热带热带北缘地区，年平均气温16～24℃，极端最低气温不低于-7℃，年降水量1 000～3 000mm，低海拔地带的河滩、平原、台地、丘陵、低山	土层深厚、肥沃的平地四旁、河滩冲积土生长最好，土层深厚的山谷、山麓黄壤、红黄壤、红壤也适生
黑荆树	常绿乔木，喜光，浅根性，侧根发达，适应性强，较耐干旱，生长较快	亚热带地区，年平均气温16～20℃，极端最低气温不低于-5℃，年降水量1 000～1 500mm，相对湿度75%以上，低海拔地带山地、丘陵和平原	以土层深厚、湿润、透水性能良好的砂壤土、壤土为最好，在红壤、黄壤、紫色土、冲积土和石灰质的土壤上，除黏重、排水不良和贫瘠的地带外，都生长良好
苦楝	落叶乔木，喜光，主根不明显，侧根发达，适应性较强，生长迅速	暖温带南部，亚热带及热带地区，年平均气温13～28℃，年降水量800～2 500 mm，低海拔地带的平原、低山、丘陵坡脚及四旁	除干旱浅薄的土壤外，酸性土、冲积土及轻盐碱土上均能生长，而以不积水的肥沃湿润疏松土壤生长最好

(续)

树种	主要生物学特性	主要适生地区	适宜立地条件
木荷	常绿乔木,喜光,幼年较耐荫,喜温湿,不耐严寒,对土壤适应性强,耐火性强	亚热带、热带地区,年平均气温16.9~23℃,年降水量1 000~2 000 mm以上,北部海拔400mm以下,南部200~1 200m的中、低山地、丘陵	红壤、红黄壤、黄壤、黄棕壤均适于生长,以肥沃、深厚、疏松的砂壤土生长最好,在较贫瘠的土壤也能适应
红锥	常绿乔木,较耐荫,幼树耐阴性强,喜温湿,不耐干旱,生长较快,萌生力强	南亚热带、热带地区,年平均气温18~24℃,极端最低气温0℃以上,年降水量1 000~2 000mm,山地除海南岛在海拔1 100m,云南南部在1 900m以下外,其他地区都在低海拔地带	土层深厚、疏松、肥沃、湿润、排水良好的山地红壤、黄壤、砖红壤性土
青钩栲	常绿乔木,喜光,主根发达,须根较少,喜温湿,生长较快,萌生力强	南亚热带地区,年平均气温18~22℃,极端最低气温0℃以上,年降水量1 500~2 000 mm,海拔200~1 000 m的山地	适生立地条件与杉木同,但在稍差的立地条件也能正常生长
桢楠	常绿乔木,耐阴,深根性,根系发达,喜温湿,初期生长较慢,但寿命长,能生长成大径材,干形通直,材质优良,遇火难燃,经久不腐	亚热带地区,尤以四川、湖北西部分布较多,年平均气温16.9~18.8℃,极端最低气温不低于-3.7℃,极端最高气温40℃以下,年降水量900~1 600mm,海拔1 500 m以下的中山、低山、丘陵	地势较高,有云雾处的山地中、下部的平缓阴坡、半阴坡、山谷,土层深厚、肥沃、排水良好的中性、微酸性壤质土
光皮桦	落叶乔木,喜光,深根性,喜温凉湿润,较耐干旱瘠薄,生长迅速,萌生力强	亚热带西部、暖温带西南部,年平均气温14~17℃,极端最低气温不低于-17℃,年降水量800~1 900mm,海拔500mm以上的地区	肥沃、湿润的酸性砂壤土,如黄棕壤、黄壤、紫色土等
枫杨	落叶乔木,喜光,深根性,主根明显,侧根发达,喜温湿,耐水湿,并具一定的耐寒性	暖温带、亚热带地区,年平均气温12~22℃,年降水量700~2 000mm的地区,山地、丘陵、平原等地带,除西南可达1 000m以上外,其余仅适生于低海拔地区	山谷、溪边、河滩、四旁等处的低湿地带,中性、酸性砂壤土
茶	常绿灌木或小乔木,根系发达,栽培茶为灌木型,耐阴,喜温湿,不耐旱、涝、寒、碱和瘠薄	亚热带、热带地区,年平均气温15~25℃,极端最低气温-18℃以上,年降水量1 000~2 000mm,山地、热带海拔1 000m以上,亚热带300~600m的山地、丘陵、平原	酸性红壤、红黄壤、黄壤,土层深厚、肥沃、排水良好的向阳缓坡以及平地

附录3 我国主要造林树种适生条件

(续)

树种	主要生物学特性	主要适生地区	适宜立地条件
油茶	常绿小乔木或灌木,喜光,深根性,适应性和萌生力强,较耐瘠薄土壤,耐火力强	亚热带地区,年平均气温15~21℃,极端最低气温-10℃以上,多年最低气温-5℃以上,年降水量1 000~2 000mm,低海拔的低山、丘陵,无严寒的云贵高原可在2 000m以下山地栽培	山地、丘陵平缓坡或阳坡,土层深厚、疏松、比较肥沃的微酸性壤质土
三年桐	落叶小乔木,喜光,浅根性,喜温暖,喜肥沃湿润土壤,不耐干旱瘠薄	亚热带地区,年平均气温15~18℃,极端最低气温-10℃以上,年降水量900~1 300mm,年均相对湿度70%~80%,除川西南、云南可在2 000m以下山地种植外,其他地区多在800m以下低海拔山地、丘陵种植	以干缓阳坡、山脚、谷地、河床两岸土层深厚、排水良好、中性偏酸的砂质壤土为宜,酸性红壤、黄壤必须施肥才能丰产
柑橘	常绿小乔木或灌木,喜光,喜温暖,喜肥沃湿润土壤,不耐干旱瘠薄	亚热带地区,年平均气温17~23℃,极端最低气温-5℃以上,年降水量900~1 700mm,低海拔地带,山地、丘陵、平原	坡度平缓的山坡以及平地,排水良好、土层深厚的赤色黏质壤土最为适宜,理化性质差的红壤、黄壤及沙地也能生长,但须改良土壤才能丰产
毛白杨	落叶乔木,喜光,深根性,喜温凉湿润气候,不耐严寒和湿热,对水肥条件敏感,不耐干旱、贫瘠土壤,生长快,根际萌生能力强	暖温带树种,年平均气温7~16℃,极端最低气温-18℃,年降水量600~1 300mm,北起辽宁、内蒙古南部,南至长江,北京以南至黄淮中下游平原为中心产区	平原四旁、低山谷底、山脚土层深厚、湿润肥沃的壤土、砂壤土生长最好,在轻盐碱地、山坡及低湿积水地均生长不良
小黑杨	落叶乔木,喜光,喜冷湿气候,抗旱、抗寒、耐轻度盐碱,耐瘠薄,能够充分利用沙层内水分,耐沙压,不耐水湿,早期速生	温带、暖温带地区,年降水量440mm,极端最低气温不低于-43℃,能正常生长,年降水量不足但地下水位浅的地带也能生长	以深厚肥沃、排水良好的砂质壤土上生长最好,但对立地条件有较强的适应能力,在砂土及轻盐碱地也可正常生长
新疆杨	落叶乔木,喜光,深根性,喜水肥、温热,耐大气干旱,不耐土壤干瘠,不耐湿热多雨,抗寒力差,抗风力强	暖温带干旱、半干旱灌溉农区或土壤湿润地带,年平均气温11℃左右,极端最低气温-24℃,极端最高气温42.7℃,日照长,阴雨少,有灌溉条件和沟底水分条件较好的地带	灌溉土、潮土、轻盐化灌淤土、轻盐化潮土生长良好,重盐化土壤与灌溉不足地带生长不良
群众杨	落叶乔木,喜光,适应性强,较耐盐碱、干旱、瘠薄,早期速生	暖温带地区,年平均气温6~16℃,年降水量400mm以上,或雨量不足有灌溉条件的北方广大平原地区	对立地条件的适应范围较广,在轻度盐碱地、有壤质间层的沙地可正常生长,在水肥条件好的砂壤土、壤质土生长最好

(续)

树种	主要生物学特性	主要适生地区	适宜立地条件
I-214杨	落叶乔木,喜光,喜中温、中湿环境,抗寒性较差,生长迅速	原产意大利,我国主要推广地区为黄河下游至淮河流域的平原,北方严寒地区、气候干旱地区不宜推广	平原四旁、河岸、河滩等肥沃深厚的砂壤土最为适宜,壤质土也适宜生长,在干旱、贫瘠、盐碱地生长不良
I-69杨	落叶乔木,喜光,要求温湿气候环境与较好的水肥条件,耐水淹,短期过水无碍,抗寒性、抗病虫害较差,生长迅速	从意大利引进,是我国南方型杨树树种,适宜推广地区为北纬35°以南至25°,年降水量800~1300mm的长江中下游平原	土层深厚、肥沃的砂壤土、壤土、砂质土而以冲积砂壤土生长最好,河漫地、低湿地能生长,但地下水位不应常年高于1m,酸碱度不高于8.5为宜
I-72杨	落叶乔木,喜光,要求温湿气候环境与较好的水肥条件,耐水淹,短期过水无碍,抗寒性、抗病虫害较差,生长迅速	从意大利引进,是我国南方型杨树树种,适宜推广地区为北纬35°以南至25°,年降水量800~1300mm的长江中下游平原	土层深厚、肥沃的砂壤土、壤土、砂质土而以冲积砂壤土生长最好,河漫地、低湿地能生长,但地下水位不应常年高于1m,酸碱度不高于8.5为宜
I-63杨	落叶乔木,喜光,要求温湿气候环境与较好的水肥条件,耐水淹,短期过水无碍,抗寒性、抗病虫害较差,生长迅速	从意大利引进,是我国南方型杨树树种,适宜推广地区为北纬35°以南至25°,年降水量800~1300mm的长江中下游平原	土层深厚、肥沃的砂壤土、壤土、砂质土而以冲积砂壤土生长最好,河漫地、低湿地能生长,但地下水位不应常年高于1m,酸碱度不高于8.5为宜
白花泡桐	落叶乔木,极喜光,深根性,喜温暖,喜水肥,但不耐水湿、盐碱和瘠薄土壤,生长迅速,萌芽力强	亚热带、暖温带地区,年均气温14~20℃,极端最低气温-18℃,年降水量750~1500mm,平原、山麓	平原、缓坡、沟谷中土层深厚、疏松、肥沃、湿润、地下水位低、排水良好的地带,忌黏重土壤、低洼地和盐碱地
兰考泡桐	落叶乔木,极喜光,深根性,较耐寒,喜水肥,但不耐水湿、盐碱和瘠薄土壤,生长迅速,萌芽力强	暖温带地区,年平均气温12~18℃,极端最低气温-18℃,年降水量750~1000mm,平原	平原肥沃、湿润、地下水位低、排水良好的砂壤土、壤质土,忌黏重土壤、低洼地和盐碱地
旱柳	落叶乔木,喜光,不耐庇荫,深根性,耐寒,喜温湿,略耐干旱,可耐短期积水,生长快	东北、西北、华北、华东、华中及西南各地平原地区,以黄河流域为中心分布区	河滩、沟谷、低湿地及平原四旁生长良好,干旱贫瘠的山梁、沙丘生长不良
垂柳	落叶乔木,喜光,不耐阴,较耐寒,耐水湿,略耐干旱	全国各地广泛栽培,以黄淮、长江流域与华北南部为多,常栽于平原水边、城市路旁	适于平原四旁、河滩低湿地,在比较干旱和有季节性积水的立地亦可生长

附录3 我国主要造林树种适生条件

(续)

树种	主要生物学特性	主要适生地区	适宜立地条件
刺槐	落叶乔木,喜光,浅根性,侧根发达,萌生力强,寿命较长,抗烟尘能力强,不耐严寒,早期速生	暖温带地区,年平均气温5~18℃,年降水量400~1 000mm以上地区,从海滨到西部2 000m山地	平原、低丘陵缓坡、土层深厚、水分较好的砂壤土为好,耐盐碱,较耐瘠薄,但土层在过于薄的立地上易形成"小老树"
槐树	落叶乔木,较喜光,稍耐阴,深根性,喜凉燥气候,耐湿热,寿命长,生长速度中等,抗污染能力强	原产华北平原及黄土高原,我国中、南部各地都有栽植,农村四旁,城镇	湿润肥沃、排水良好的平原、四旁,以壤质、砂壤质中性土最好,可栽石灰性、微酸性及轻盐碱土地上
楸树	落叶乔木,喜光,只在苗期耐荫,主根明显,根蘖和萌生力强,不耐寒冷,对土壤条件要求较高,对二氧化硫等毒气抗性强	暖温带地区,年平均气温10~15℃,年降水量700~1 200mm,平原、丘陵到海拔1 800m山地	深厚、湿润、肥沃疏松的中性、微酸性和钙质土壤生长迅速,轻盐碱土(含盐量0.1%以下)也能正常生长,在贫瘠的条件下生长不良
白榆	落叶乔木,喜光,深根性,抗风力强,耐寒、耐旱,不耐瘠薄土壤、不耐水湿,抗空气污染	温带、暖温带到北亚热带地区,年均气温1.5~17℃,耐-40℃严寒,年降水量350~1 100mm,平原、丘陵缓坡	以平原、四旁深厚肥沃土壤生长最好,在轻盐碱地、固定沙丘和钙积层较薄较深的栗钙土上也能生长,忌低洼积水
臭椿	落叶乔木,极喜光,深根性,主根发达,喜干燥温凉气候,生长快,寿命长,根蘖力强	北纬22°~43°,东起海滨,西至甘肃,以华北、西北为最多,生于平原至海拔2 000m的山地,年平均气温7~18℃,年降水量400~800mm,能耐47.8℃高温和-35℃低温	平原、丘陵、山地土层深厚微酸性、中性和石灰性土壤,排水良好的中、砂壤土生长最好,砂土次之,略耐盐碱,重黏土和水湿地生长不良
栓皮栎	落叶乔木,喜光,苗期耐阴,主根发达,萌生力强,幼年生长缓慢,4~5年后生长较快,喜温湿,具抗旱、抗风、抗火特性	北起甘肃、河北、辽宁南部,南至广东、广西及台湾,以鄂西、秦岭、大别山为中心分布区,年平均气温12~16℃,极端最低温度-20℃,年降水量500~1 500mm,海拔由北部数十米至南方2 000m,山地、丘陵	对立地条件要求不严,酸性土、中性土、钙质土均可,土层较薄的地带也可生长,但不同立地条件下的生长状况,栓皮的产量和质量差异极大,以山地土层较厚、肥沃、排水良好的土壤生长最好,栓皮质量最优,北方应选择阳坡造林
麻栎	落叶乔木,喜光,深根性,主根长,萌生力强,实生苗幼年生长慢,耐干旱,耐火,抗风,不耐水湿	暖温带至热带均有分布,但以长江流域和黄河中下游各地较多,年平均气温12~24℃,年降水量600~2 000mm,海拔由华北几十米至云南2 200m的山地、丘陵、平原	对土壤要求不严,在土壤瘠薄、干旱地带可以生长成林,肥沃、排水良好的中性至微酸性壤质土生长最好

(续)

树种	主要生物学特性	主要适生地区	适宜立地条件
蒙古栎	落叶乔木，喜光，耐侧方庇荫，耐寒性在栎类中最强，深根性，主根发达，耐干旱瘠薄，幼年生长缓慢，后加速，寿命长，萌生力强	东北、华北，为我国栎类中分布最北的树种，可耐-40℃低温，年降水量350~800mm，东北分布于海拔800m以下，华北800~2 000m	对立地条件要求不严，在土层深厚的山腹生长良好，适中性至微酸性土壤
辽东栎	落叶乔木，喜光，耐侧方庇荫，耐寒性在栎类中最强，深根性，主根发达，耐干旱瘠薄，幼年生长缓慢，后加速，寿命长，萌生力强	东北和黄河流域各地及四川省，海拔高度800~2 800m山地	对立地条件要求不严，在土层深厚的山腹生长良好，适中性至微酸性土壤
水曲柳	落叶乔木，喜光，稍耐阴，主根短，侧根发达，萌生力强，在硬阔树种中生长较快，耐严寒，喜肥沃湿润	主产东北地区，尤以小兴安岭为多，华北等地也有分布，适于年平均气温0~6℃，极端最低气温-40℃，年降水量500~800mm的山地	深厚肥沃、湿润的壤土和砂壤土，稍耐盐碱，含盐量0.15%能正常生长，过于贫瘠的立地生长不良
黄波罗	落叶乔木，喜光，稍耐阴，深根性，喜冷湿气候，喜肥沃，不耐贫瘠，幼年生长偏慢，萌生力强	小兴安岭南部、长白山区和华北燕山山地的北部，海拔高度东北500m以下，华北1 500m以下，年均气温0~10℃，极端最低气温-40℃，年降水量500~800mm的山地、丘陵	河谷两侧、山腹中部以下深厚、肥沃、湿润的中性、微酸性壤质、砂壤质冲积土或棕色森林土
白蜡	落叶乔木，喜光，耐侧方庇荫，深根性，喜温暖气候，喜湿耐涝，生长快，耐修剪，萌生力强	华北及以南各地区广泛分布，垂直高度：华北海拔1 700m以下，四川可达3 100m	对土壤要求不严，在砂页岩钙质紫色土、石灰岩土壤、花岗岩黄棕壤或黄壤、冲积土、水稻土等碱性、中性和酸性土壤上均能生长
核桃楸	落叶乔木，喜光，深根性，根蘖性，萌生力强，喜温和凉爽湿润气候，抗风，但不耐湿热与干瘠，干风吹袭时易发生枯梢	东北东部山区海拔300~800m的地带，河北、河南、山西、山东等地有少量分布，适于年平均气温0~6℃，极端最低气温-40℃，年降水量550~800mm山地、丘陵	适宜土层深厚、肥沃、排水良好的沟谷和山坡下部，干瘠和排水不良的土地生长不良
核桃	落叶乔木，喜光，深根性，主根发达，喜温暖、凉爽气候，不耐湿热及干瘠，生长较快，低温下枝条受冻害干枯	暖温带、亚热带，北方平原、丘陵、山地及海拔较高地带均有栽培，年平均气温10~14℃，极端最低气温-25℃，年降水量400~1 200mm，华北100m以下至四川北部2 600m以下平原、丘陵、低山背风向阳处	适于阳坡、半阳坡山脚、山坡及平原，土层深厚、肥沃、湿润的砂壤或壤土，不耐干瘠、水湿与盐碱

（续）

树种	主要生物学特性	主要适生地区	适宜立地条件
板栗	落叶乔木，喜光，较耐寒，适应性广，喜温凉干燥气候，根系发达，生长较快	全国除风沙干旱、严寒区外，均有栽培，适于丘陵、山地、河滩，年平均气温8~22℃，极端最高气温35~39.1℃，极端最低气温-28℃，年降水量500~1 500mm的地区，但以年平均气温10~14℃，年降水量600~1 400mm地区生长最好，极端最低气温-30℃地区易受冻害	对土壤要求不严，喜深厚、肥沃湿润、疏松的壤土，较耐干旱，忌低洼盐碱地、钙质土与重黏土
枣树	落叶乔木，喜光，耐旱，萌生力强，根系发达，水平根易发生根蘖，生长缓慢，结果早，寿命可达300年以上	北纬45°以南全国各地广泛栽培，尤以华北地区为最多，垂直分布可达2 000m，年降水量600mm左右的地区，是其主产区，平原、丘陵、山区	适宜向阳背风处，耐瘠薄山地和丘陵、沙荒地区，微酸性、中性、轻度盐碱土均能正常生长
柿树	落叶乔木，喜光，喜温暖，深根性，侧根发达，不耐严寒，耐干旱，生长快，结果早，寿命长	年平均气温9℃以上，极端最低气温-20℃以上，在北纬40°长城以南、黄河至长江流域广大地区有分布，平原、丘陵、山区1 000m以下	土层深厚、肥沃的中性壤土和黏壤土、黄土，贫瘠沙地生长不良，不耐水湿和盐碱
山杏	落叶乔木，喜光，适应性极强，深根性，根系发达，耐干旱、瘠薄、寒冷，萌生力强，结实早	华北、西北、内蒙古，海拔200~2 200m的阳坡、丘陵、山地、草原，极端最低气温-40℃以上地区	对土壤条件要求不严，可在荒山、沙荒地、水土流失地造林，也耐黏质土壤，但不耐水湿
巴旦杏	落叶小乔木，极喜光，深根性，需长日照，耐寒、旱能力强，适宜夏季高温干燥的典型大陆性气候，萌生力强，生长较快，结果早	原产中亚西亚、小亚西亚等地，我国主要集中在新疆南部海拔600~1 300m的年均气温10℃以上，极端最低气温-20℃以上，日照时间长的平原、丘陵地区，青海、甘肃、陕西有引种	适宜土层深厚、通气良好、地下水位较低，pH值7~8的壤土和砂壤土，瘠薄立地也可生长
苹果	落叶乔木，喜光，较耐干冷的气候，不耐湿热	原产欧亚大陆的中部，我国为温带南部、暖温带地区，年均气温5.7~16℃，极端最低气温-29℃以上，年均气温12℃以上，极端最低气温-15℃以上，年降水量500~900mm丘陵、平原，东北南部、华北及西北为集中栽培区	适宜背风向阳、土层深厚、肥沃、排水良好的中性砂壤土、壤土及黏壤土，沙地加强肥水管理也可丰产，忌低湿地、盐碱地
白梨	落叶乔木，喜光，深根性，抗寒，适宜干冷气候，耐水湿，20年生左右进入盛果期	我国特有，华北、西北、中原地区平原、丘陵、山地普遍栽培，为温带、暖温带主要果树	在山、滩、沙及土层瘠薄地上均可生长，但以平原及山脚土层深厚湿润处生长最好，产果量大

（续）

树种	主要生物学特性	主要适生地区	适宜立地条件
桃	落叶乔木，喜光，较耐干旱，生长快，结果早，易衰老，寿命一般 20~25 年	东北南部、内蒙古南部及以南各地区广泛栽培，除极冷、极热地区外均可生长，以中部及北部各地为多，平原和丘陵地区	以北方的砂壤土上所产品质最优，南方湿热地区除黄桃外，果实品质较差，较耐干旱，不耐水湿及黏重土壤
花椒	落叶灌木，喜光，根系发达，稍耐阴，喜温凉气候，怕寒冷暴风，生长较快，结果早，耐修剪	野生于泰山、秦岭海拔1 000m 以下的地区，除东北、内蒙古寒冷地区外，全国各地均有栽培，华北最多	喜深厚、肥沃湿润的中性或微酸性砂质壤土，砂土黏重土生长不良，忌山顶、风口
枸杞	落叶灌木，喜光，耐冷，耐旱、耐盐碱，萌生力强	在我国西北、华北均有分布和栽培，宁夏是枸杞主产地区，华北有发展	阳坡、半阳坡、沙地和盐碱地造林，喜水肥，一般建园栽培
毛竹	枝叶常绿，喜光，浅根性，根系发达，喜温暖湿润，但不耐水涝及盐碱，生长快	亚热带地区，年平均气温 15~20℃，极端最低气温 -15℃ 以上，年降水量 1 000~1 900 mm，海拔1 000m 以下的酸性土山地	向阳、背风深厚肥沃的酸性砂壤地，以砂页岩、石英岩、花岗岩为母岩的厚层酸性土壤最适宜，忌过于干燥的沙荒石砾地、盐碱土或低洼积水地
淡竹	枝叶常绿，根系浅，适应性较强，耐寒，稍耐贫瘠，能耐轻度盐碱，根系浅，生长快，成材早，产量高	长江及黄淮中下游广泛栽培，以江苏、河南、山东、陕西等地较多，耐 -18℃ 左右的低温	适宜深厚、疏松、肥沃、湿润的酸性至中壤土，稍贫瘠的立地也可生长
粉单竹	枝叶常绿，要求温暖湿润的气候条件，生长快，较耐水湿	为我国南方特产竹种，分布于广西、广东、湖南等地平原、丘陵、低山地区	适宜疏松肥沃的冲积土、砂质壤土
胡枝子	落叶灌木，喜光，也能耐阴，根系发达，耐寒，耐干旱气候，耐土质瘠薄，萌生力强，生长较快	为温带至亚热带常见灌木，适生于东北、华北、西北及长江流域地区，常生于海拔500m 以上的山坡林缘或林下	对立地条件要求不严，在砂石地、石质山地土质瘠薄处、山地、丘陵水土流失严重地带及流动沙地均能良好生长
短序松江柳	落叶灌木，根系发达，耐寒，喜湿，萌蘖性强，耐樵采，生长快	黑龙江西部、内蒙古东部、吉林、辽宁中部年降水量 400~500mm，极端最低气温 -40℃ 以上的平原、丘陵低洼地	江河沿岸、库塘、水池周边、平原低洼湿地、沼泽草甸、沟坡不积水洼地，岗地不宜生长
紫穗槐	落叶灌木，喜光，较耐阴，侧根发达，耐瘠薄、盐碱，耐干旱，耐沙压，耐水湿，萌生力强	我国温带南部、暖温带、北亚热带海拔1 000 m 以下的低山丘陵、平原、四旁、流动沙地均有栽培，但以年平均气温 10~16℃，极端最低气温 -30℃ 以上，年降水量 500~700mm 暖温带地区生长最好	对立地条件要求不高，沙地、黏土、中性土、盐碱土、酸性土、低湿地与土质瘠薄的山坡均能生长，但以土层深厚的中性砂壤土生长最好

附录3　我国主要造林树种适生条件

（续）

树种	主要生物学特性	主要适生地区	适宜立地条件
杞柳	落叶灌木，喜光，根系发达，喜冷凉气候，适应性强，耐旱耐涝，萌生力强，生长迅速	河北、山西、陕西、河南、甘肃、山东、江苏等地，生于平原低湿地、河、湖岸边等	对立地条件要求不高，但在平坦的冲积土的细沙上，底层有较浅壤质夹层的湿润砂土上，生长特别好
柽柳	落叶灌木，喜光，不耐庇荫，根系发达，耐干旱，耐水湿，耐瘠薄、盐碱，耐高温、低温，抗风沙，萌生力强	东北南部、西北、华北至长江流域各地区，年平均气温3~18℃，年降水量350~800mm，或虽雨量稀少，有水源补给和地下水位较高的地区，多见于平原、沙地及沿海盐碱地	地下水位较高的轻、中盐碱地，沙丘间盐渍化沙地及年降水量350mm以上的丘陵坡地
沙棘	落叶灌木或乔木，喜光，稍耐阴，浅根性，水平根发达，抗严寒、风沙，耐大气干旱和高温，耐土壤水湿及盐碱，耐干旱瘠薄，有根瘤	广布我国的西北、华北、西南地区，年平均气温3~12℃，极端最低气温-39℃，年降水量360~800mm的地区，或虽雨量稀少，但有水源漫流的山谷、河滩地、山地、丘陵、平原沙地	对土壤要求不严，能在水土流失严重的荒坡、湿润沙地、山地草甸土、弱中度盐碱地上生长，土层深厚、湿润谷地、河漫地生长较好；耐过于黏重土壤
柠条	落叶灌木，喜强光，深根性，根系发达，喜干燥气候，抗严寒，耐热，耐贫瘠，耐干旱，萌生力很强，耐沙打沙埋	温带、暖温带半干旱地区，年平均气温2.5~11℃，极端最低气温-38℃以上，年降水量180~500mm的丘陵、沙漠、沙地、草原及山地，垂直分布1 000~2 000m	在黄土丘陵地、砾岩、花岗岩、石灰岩山地，河谷阶地和固定、半固定沙地及干平原均可生长，在土壤养分、水分适宜条件下，才能速生
沙柳	落叶灌木，喜光，根系发达，耐寒、耐热，喜湿润，抗风蚀，耐沙压，生长迅速，萌生力强，耐低湿盐碱	暖温带的宁夏、陕北、内蒙古等地的干旱草原地区，年平均气温8℃左右，冬季气温-30℃以上，年降水量350~500mm的流动沙地、平原、四旁	平地、滩地、河边流动沙地均可生长，疏松、湿润土壤长势旺盛
沙拐枣	多分枝灌木，叶已退化，喜光，喜干燥气候，适应性极强，抗干旱、高温、风蚀、沙打沙埋、盐碱，不耐水湿，忌空气湿度大，生长迅速，枝干萌生力强	新疆、内蒙古、甘肃等地的半荒漠和荒漠地区	流动或固定、半固定沙地、山前洪积扇的砾质戈壁及干河沟上生长正常，而以流动沙地生长最好，年降水量不足200mm地区，一年或两年洪灌一次，才生长迅速
花棒	落叶灌木，喜光，耐干冷气候，耐干旱、严寒、高温，耐贫瘠，抗风蚀沙埋，抗盐碱	华北、西北干草原及荒漠半荒漠地区，年平均气温7.5~8.4℃，极端最低气温-38℃以上，年降水量150~400mm地区的半固定沙地、流动沙地、沙质戈壁滩及草原	对土壤要求不严，适宜砂质、壤质和黏壤质的丘间低地或沙滩、戈壁滩

（续）

树种	主要生物学特性	主要适生地区	适宜立地条件
梭梭	落叶灌木，喜光，具强大根系，抗旱性极强，能够充分利用沙层内水分，耐沙压，耐严寒、高温和瘠薄土壤，不耐水湿	温带暖温带干旱地区，年平均气温7~12℃，极端最低气温不低于-47℃，年降水量150mm以上，或不足150mm但地下水位浅的地带，沙漠、戈壁	较平坦的流动沙丘、沙地、丘间低地、弱中度盐渍化地，在砾石砂质土质戈壁也能生长
沙枣	落叶灌木，极喜光，浅根性，水平根系发达，长于冠幅，耐风沙、干旱、瘠薄、盐碱	温带、暖温带干旱地区，主要生长于西北干旱风沙区，年平均气温7~12℃，极端最低气温-40℃以上，年降水量不足250mm，但有水源灌溉的绿洲及地下水较浅的地区	四旁、地下水位较浅的低湿滩地、沙地、丘间低地，弱、中度盐渍化地